透视
供给侧结构性改革

冯俏彬 著

PERSPECT
CHINA'S STRUCTURAL REFORM
OF THE SUPPLY-SIDE

北京出版集团公司
北京出版社

序

2017 年是深化供给侧结构性改革之年。值此多方关注、推进创新发展之际，国家行政学院经济学部冯俏彬教授所著《透视供给侧结构性改革》一书，即将由北京出版社出版发行。我阅读此书后，发现其颇有特点和新意。

一是对中央精神阐释深入浅出，思路要领清晰。冯俏彬教授作为新供给经济学 50 人论坛的核心成员之一，在比较早的时候就介入新供给经济学研究，对我国供给侧结构性改革的来龙去脉相当清楚。记得在中央刚提出供给侧结构性改革不久，冯教授所在的国家行政学院经济学部就集中精力在很短的时间内编写出《中国供给侧结构性改革》一书，并由人民出版社出版，得到很好的社会反映，入选 2016 年中宣部评选的全国优秀通俗理论读物。冯教授正是那本书的重要作者之一。基于国家行政学院的独特地位和冯教授的理论功底，在即将面世的此书中，作者在准确把握中央关于供给侧结构性改革的精神实质的同时，又力求系统而深入浅出地对相关思路、要领做出鲜明平易的阐释，从而有利于各方面加强认识和理解。

二是本书的视角宽广，可谓"立足当前，放眼长远"。由于种种原因，当下有些同志对于供给侧结构性改革的理解偏于短期，且多囿于具体的政策操作层面。本书既立足于当前对如何推进"三去一降一补"进行生动论述，又放眼长远，提出在供给侧结构性改革中的"三步走"实施路径。作者的认识框架是将供给侧结构性改革置于人类社会发生工业革命以来呈现的长周期演化过程之中，勾画出供给侧结构性改革的历史坐标，从而有利于增强我们对于供给侧结构性改革"从哪里来""到哪里去"的全面理解和认知。

三是本书的行文方式有如行云流水，十分平易好读。书中内容主要来源于冯俏彬教授的讲稿，因此与一般学术论著不同，语言生动、通俗易懂的特色在很大程度上被保留下来，仿佛作者就在对面的讲台上授课，将供给侧结构性改革理论向着听众娓娓道来，令人有身临其境的现场感。即使没有经济学基础知识的读者，也能很轻松地阅读此书，从中获知供给侧结构性改革基本而主要的方方面面。

四是本书在兼具理论性和操作性方面很值得称道。供给侧结构性改革的内容包罗万象，需要一条主线将其串联起来。如果把纷繁复杂的现实问题比作一颗颗珍珠，而理论则是穿起众多珍珠的那一根宝贵的线。此书虽然脱胎于讲稿，但其中的逻辑链条完整而严谨，理论成分内敛而扎实。比如，书中对供给侧的理解主要基于经济增长理论中的要素问题；对供给侧结构性改革的路径，也顺理成章地基于要素流动规律而展开；作为坐标的长周期和作为供给侧结构性改革趋势的新经济发展，均是以要素理论的考察分析而引发在当下与未来中国特定发展阶段的现实表达，很好地体现了理论与实践紧密结合努力之下，由学理支撑而延伸到现实生活中改革与发展操作层面的相关要领。

我与冯俏彬教授的研究和职业生涯有长期渊源，近

20 年间目睹她从一个年轻的硕士、博士研究生，一步步成长为视野宽广、理论素养扎实、思维有深度、热切关心现实问题而学术成果丰硕的优秀学者，其通透的学术悟性、自强不息的个性以及多年如一日对学术研究的热爱，让人印象深刻。她已多次取得重要成就，曾经获得黄达－蒙代尔经济学奖和全国财政科研优秀成果一等奖。现在要出版的这本书，一方面展现了其学术研究领域的扩大，另一方面也是其常规的学术表达方式的一个重大变化，是学者在经过长期的院校书斋式学习与训练之后，更自觉地走入大众、走入社会、走入现实问题之中，不仅能诠释决策思路与政策，而且还力求提供解决方案与操作要领。我感觉冯俏彬教授以此可以完成其个人学术生涯的一个重要的"转型升级"，也深信此书将使广大读者有所收获。特为之序！

贾 康

2017 年 3 月 11 日

目 录

第三章

供给侧结构性改革的提出背景

第四章

供给侧结构性改革的国际经验与借鉴

第五章

供给侧结构性改革的第一步：
　　从低效过剩领域释放要素

第六章

供给侧结构性改革的第二步：
　　以结构性改革来促进要素的自由流动

第七章
供给侧结构性改革的第三步：
大力发展新经济，优化要素配置

第一章

当前宏观经济形势

○ ● ●

一、当前世界政治、经济形势概览

当前国际形势风云变幻。2016 年 10 月，举世瞩目的 G20 峰会在中国杭州召开，给全世界呈现出一个世界各国精诚合作、繁荣昌盛、盛世太平的美景。但在这个美景的背后，却是第二次世界大战后国际治理力量的变化，即新兴经济体以及发展中国家在国际舞台上的话语权有所高涨，而以美国为代表的发达国家的力量有所衰退。

这一全球经济治理秩序的变化背后有复杂的政治原因、社会原因，并构成一幅波澜壮阔的当代世界图景，可将其概括为"全球化正遭遇逆流"，并由此呈现出来很多复杂的甚至相互矛盾的现实问题。例如，叙利亚的难民移民危机。据说，现在全世界的难民和移民的数量已经超出了第二次世界大战期间难民的总数，无数家庭在战乱中流离失所，无数孩童在炮火中无辜送命。2015年以来，有3张照片十分打动人心，一张是一个孩子随着父母偷渡，上岸的时候一家人被淹死，记者拍到那个头埋在沙滩当中的小孩，唤起了很多人的同情。一张是一个叙利亚的小孩，当记者对着她拍照时，她看着记者的长镜头，认为是枪，十分自然地举起了双手。还有一张是一个四五岁的小孩，在炮火的轰隆当中已经被震得失去了对外界的反应，当营救人员把他抱到车上的时候，他整个人是茫然而木讷的……这些战争中儿童的照片，通过新闻媒体的传播，激发起大家对叙利亚人民深切的同情。但是另一方面，包括以叙利亚为代表的中东难民和移民问题，以及在美国、欧洲各地乃至世界其他地方时有发生的各类暴力恐怖袭击事件，如波士顿马拉松恐怖袭击事件、法国尼斯恐怖袭击事件、比利时恐怖袭击事件……又给现存社会秩序带来极大的冲击与破坏。这些情况构成了奇特的两面，一面是唤起人们正面的同情和爱，另一面则是负面的仇恨与冲突。近期还有两个重要事件值得特别注意，一个是英国"脱欧"，一个是美国大选。英国作为欧洲一个非常重要的国家，以全民公投的方式宣布脱离欧洲，这被称为2016年最大的"黑天鹅"事件，标志着欧洲一体化进程遭遇到重大打击。对此，有些方面解读为英国政客处置失当或者是英国人民不够理智。实际上英国本身的政治制度是十分成熟的，这种结论代表了52%左右的英国人对于中东难民、移民问题对他们生活的影响的强烈不满，是当前这种深刻、复杂的经济问题在政治层面的一种反映，其影响是十分深远的，对未来世界政治经济格局会产生什么样的影响，还需要拭目以待。轰轰烈烈的美国总统大选最终尘埃落定，唐纳德·特朗普当选为第四十五任美国总统。在政治领域内名不见经传的特朗普，口无遮拦、格调低下，这样一个人何以能问鼎美国总统宝座？据分析，其背后支持力量仍然是全球化进程中利益受到损害的美国中下层民众。以上情况结合起来考虑，都表明"全球化正遭遇逆流"。

　　一般认为，全球化进程始于20世纪90年代。在这20多年间，世界经济形势发生了很大的变化。一些国家发展起来了，一些国家开始衰退。中国非常幸运地赶上了这一班全球化发展的"快车"，自2001年加入WTO以来，直到2008年爆发金融危机和经济危机，这近20年是全球化发展最为鼎盛的时期。中国抓住机会，借势发展，终成现在的世界第二大经济体。但是，以2008年的金融危机为标志，全球化进程开始走下坡路，英国"脱欧"和美国大选，对全球化进程进一步雪上加霜。现在虽然还不能说全球化进程就此终止，但是很明显是在朝衰败的方向演变。正是在这个背景下，中国政府主办的G20峰会受到全世界的高度关注，因为它反映了在这样一个剧变的时代，发达国家的力量在衰退，新兴经济体的力量在壮大，世界政治经济格局正在重新"洗牌"。

　　这就是时代的"大变局"。在这种大变局下，所有国家、企业、个体的命运都会受到直接或者间接的或多或少的影响。落实到经济问题上，现在世界经济总体来讲处于2008 年金融危机之后的"后危机时代"，还远没有走出危机的阴影和影响。这主要表现在以下几个方面。一是美国经济正在温和复苏，但是尚不稳定。二是欧洲的经济持续低迷、前景暗淡。三是新兴经济体和发展中国家面临着比较大的困难，中国正处于经济转型升级艰难期，巴西等拉美国家负增长，印度情况略好。四是为了刺激本国经济增长，各国央行竞相放水，采取了宽松的货币政策，现在已有 5 个国家和地区（日本、欧元区、瑞士、瑞典、丹麦）已经先后进入了"负利率"时代。总体来讲，当前全球的经济形势在变坏。在这种情况下，各个国家的政府都会受到来自民意的强大压力，英国"脱欧"和美国的大选问题，就是民意在政治层面上的反映。以前，大多数国家的态度是开门拥抱全球化、一体化，现在这些国家多多少少开始有民族主义和贸易保护主义的倾向，以前是要"拆墙"拥抱全球化，现在是要"修墙"

回到自保自闭的状态。如果稍微拉开一些历史的视角，就会发现这个情况非常类似于第一次世界大战和第二次世界大战之前的情形。所以现在流行一种"长周期"的看法，认为整个世界经济政治的发展正进入一个长周期阶段。

那么，什么是长周期呢？周期理论是经济增长理论的重要组成部分。根据不同经济学家的研究，经济增长周期有短周期，如3～5年；也有中周期，如20～30年；而长周期指的是更长的周期，如50～60年。长周期理论的最早提出者是俄国的经济学家尼古拉·康德拉季耶夫（图1-1），被称为"康德拉季耶夫周期"。他认为，长周期是指生产力发展的周期，由科学技术发展的周期所决定，从工业革命后到第一次世界大战之前，世界已经历了以下3个长周期，即：从1789年到1849年，上升部分为25年，下降部分为35年，共60年；从1849年到1896年，上升部分为24年，下降部分为23年，共47年；从1896年起，上升部分为24年，1920年以后是下降趋势。

图 1-1　俄国经济学家尼古拉·康德拉季耶夫
（1892—1938）

著名经济学家熊彼特根据科技进步的规律，也提出一个创新周期的理论。有人总结如下（表 1-1）：

表 1-1　熊彼特技术周期理论表

	繁荣	衰退	萧条	回升	标志创新技术
第一个长周期	1782—1802	1815—1825	1825—1836	1838—1845	纺织机、蒸汽机
第二个长周期	1845—1866	1866—1873	1873—1883	1883—1892	钢铁、铁路
第三个长周期	1892—1913	1920—1929	1929—1937	1937—1948	电气、化学、汽车
第四个长周期	1948—1966	1966—1975	1975—1982	1982—1991	汽车、计算机
第五个长周期	1991—2007	2007—？			信息技术

可以看出，在经济学家看来，所谓的长周期就是科技进步的周期，与历史上数次重大技术进步高度相关。到现在为止，人类已经经历了4个长周期的过程，现在正处于第五个。所以，长周期是一个生产力的发展周期，与技术革命的周期相关。简单地说，一个新技术从发明应用和逐渐成为一个产业，再到成为经济增长的主要动力，这个技术的成果会逐渐被人类消化掉，即所谓"低垂的果实"被摘完，就会迎来下一个周期。从现在所处的阶段来讲，旧的技术革命已经到了一个比较衰退的时期。在这个时间点上和我们现在感受到的一样，在生产力的发展上全球开始走向低迷。所以，这个长周期实际上就是一个科技周期。这还只是从经济的角度来讲，如果结合卡尔波兰尼在《大转型》中的判断，从政治与社会学的层面上讲，长周期同时也是战争与和平的周期。这当然不是说当前世界就一定会滑向冲突与战争，但值得引起各方面的警惕。长周期理论对我们思考供给侧结构性改革是一个非常重要的背景。比如习近平总书记一再说，长周期的问题不以人的意志为转移，可能做出任何努力都显示不出效果。恐怕要做一个长远的打算。

总之，改革开放30多年以来，中国经济已经是全球经济当中的一个有机的组成部分，中国的经济命运已经和全世界经济命运牢牢地联系在一起，全球经济形势的变化也会影响到中国经济形势的发展。这是一个非常重要的出发点。

二、当前我国宏观经济形势分析

2014年习近平同志在出席亚太工商峰会时，第一次用"新常态"来描述中国经济所处的新阶段。一般认为，"新常态"有3个主要特征：第一是经济增长速度下台阶，第二是经济增长的动能转换，第三是经济增长结构转型升级。其中最容易被各方认识的是经济增长的速度下台阶，即中国经济增长从高速增长转为中高速增长。所谓高速增长，是指两位数以上的增长，即 10% 以上。从 1978 年到 2008 年这 30 年间，全国总体平均 GDP 的增长速度为 9.8%，在一些局部年份和局部地区，还常常可以看到 20% 左右的增长速度。这被称为是"人类经济史上的奇迹"。当然奇迹总有回归平淡的一天。2008 年金融危机之后，中国的经济经历了一个快速的下降阶段，2009 年政府拿出了 4 万亿元的刺激计划，当年经济明显回升，形成了一个短暂的"V"形反转。2010 年以后，中国经济开始持续下行。就在这一年，国务院发展研究中心前副主任刘世锦带领一个团队完成了一份重要的研究报告，通过对不同国家发展阶段的比较，他们得出的结论是，中国经济将步入一个较为长期的下行期。这个报告出台以后，当时没有多少人能够接受这个观点，但他们的预测惊人的准确，此后 6 年中国经济走势充分证明了这一点。所以，现在一般都把 2010 年作为我国经济从高速增长转为中高速增长的一个"拐点"，如图 1-2 所示。

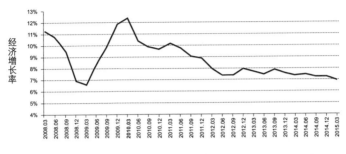

图1-2　2008年全球金融危机后中国经济增长变化趋势

　　从上图可以看出，2010年以后，我国经济下行的态势已经完全形成了，而且在下行的过程当中还通过了几个重要的心理关口。第一个是在2013年，通过了8%的重大心理关口。当年的实际经济增长率为7.7%。很多人都知道，前几年政府内部"保8"是非常重要的政治任务，原因很简单，在过去的认知当中，一个百分点的经济增长通常意味着80万～100万的就业岗位，即经济增长率每下降一个百分点，将意味着有80万～100万人失业，这是中国社会不能承受之重，因此要求经济增长速度一定要保持在8%以上。这个情况在2013年被改写了，当年的实际经济增长率为 7.7%，突破了政府长期坚守的 8% 的心理防线，当然后面的情况是好的，社会上并没有出现大规模的失业状况。相反，近几年就业率一直是稳定增长的。此后，经济下行的态势还在继续，2014 年为 7.4%，2015 年进一步下降，由破 8% 到了破 7%，根据国家统计局公布的数据，这一年的经济增长率为 6.9%。进入 2016 年以后，前 3 个季度国家统计局公布的数据都是 6.7%，都在 7% 以下。现在，无论是政府官员还是经济学研究人员，大家一般会认为而且也接受了中国经济下行这样一个基本态势，即中国经济增长将长期处于 "L" 形，差异仅在于不同的人对于 "中国经济要下行多久？" "中国经济底在何方？" 这样一些更细致的问题还有不同看法。这也表明，<u>今天中国经济下行的情况，与世界经济下行的总趋势是一致的。</u>

有了这样一个认识以后，有的人可能难免会产生一些悲观情绪。世界局势不稳定，中国经济在下行，那是不是我们只能被动地等待着厄运来临的那一天呢？当然不是，借用炒股的人常说的一句话，"在股市最差的时候，也有人赚钱；在股市最好的时候，也有人赔钱"。当今世界，整体经济格局的确不容乐观，但分国家、分地区、分行业，情况各不相同，未来也各不相同，这取决于不同主体的不同反应、不同策略。面对经济下行，中国政府怎么反应？怎么看待？

简言之，中国政府和中国共产党给自己赋予了两大历史使命，一是在 2020 年的时候全面建成小康社会，二是在 2049 年即中华人民共和国成立 100 周年的时候，实现中华民族伟大复兴的"中国梦"。这两大目标都有具体的指标支撑。比如，全面建成小康社会在经济层面的具体指标，就是到 2020 年的时候国内生产总值相对于 2010 年能够翻一番，城乡居民的收入水平相对于 2010 年的收入水平翻一番。国家发改委做过详细的测算，为了实现这个目标，从 2016 年到 2020 年这 5 年间，我国的经济增长速度要达到 6.52%～6.54%。因此，对于政府而言，未来 5 年，6.5% 的经济增长率就是一个"铁底"。再远一点，还有一个目标，就是在 2049 年实现中华民族伟大复兴的"中国梦"，体现在经济层面就是跨越"**中等收入陷阱**"，进入高收入国家。按照世界银行的标准，高收入国家的门槛是人均 GDP 在每年 12000 美元以上，而 2015 年我国人均 GDP 还不到 8000 美元，距离 12000 美元约差 1/3，需要在未来二三十年的时间中努力完成。也就是说，这两大政治目标表明，在未来一段相当长的时间内，中国还将继续把发展放在首位，努力谋求中高速的经济增长。

中等收入陷阱：是指当一个国家的人均收入达到中等水平后，由于不能顺利实现经济发展方式的转变，导致经济增长动力不足，最终出现经济停滞的一种状态。

三、当前我国经济正呈现出三大结构性分化特征

回到中国当前的经济面上来。现在谈到中国当前的经济形势的时候，各方面用得最多的一个词就是"结构性分化"。"结构性"的含义是某种重大、关键的变化，"分化"的意思是有的在变好、有的在变坏，或者原来好的现在变差了、原来差的现在变好了，差距扩大。当然中国是一个大国，在任何时间点看过去，31 个省、自治区、直辖市中，一定是有的地方要好一些，有的地方要差一些。现在的问题是从 2014 年以来，中国经济基本面上的变化超出了人们过去的认知，进而对原来长期采用的一些经济原理、认知形成挑战。主要有以下 3 个方面的变化：

（一）地区间经济分化明显

1. 东北板块的经济急速下行。以前，东三省在我国 31 个省、自治区、直辖市的排位处于第一方阵，GDP 增长率在第十名左右。但 2014 年前后，东北突然出现了急

剧滑坡，在最近这两年中国经济增长版图上倒数 5 名以内。以 2015 年为例，辽、吉、黑三省分别居全国倒数第一、第三和第四。特别是辽宁，2016 年财政收入是负增长 30% 以上，多个城市出现经济负增长（表 1-2）。进一步地，还可以看到这种负增长不只是在东三省出现，实际上在内蒙古、陕西、山西等省、自治区，只要是以传统的重化工业、资源能源为主要产业结构的地区，其经济下行的态势都非常明显。2015 年以来，中央又开始加大了对东北的关注，但是很多人都认为东北的问题已

表 1-2　2016 年上半年 GDP 负增长地级市

区　域	地级市
山　东	德州，-1.91%；东营，-2.2%
辽　宁	鞍山，-4.27%；锦州，-6.44%；本溪，-1.64%；葫芦岛，-0.53%；铁岭，-0.29%；阜新，-17%
黑龙江	大庆，-14.01%；鸡西，-2.3%
山　西	临汾，-0.88%；朔州，-6.07%；阳泉，-2.45%
陕　西	榆林，-11.21%；渭南，-1.55%；延安，-12.44%；铜川，-5.34%
内蒙古	乌海，-5.09%
甘　肃	嘉峪关，-31%；金昌，-11.79%
新　疆	吐鲁番，-4.2%

不是给钱、给政策的问题，而是要改变当前的体制、观念和所有制结构等深层次问题，甚至有专家提出过一个大胆的设想，建议东北地区借鉴广东的经验搞一个体制复制，将南方发达省份的体制复制到东北去。所以东北板块的状况不乐观，媒体常用"危局"二字来形容，也有人称之为"东北塌陷"。

2. 西部崛起。在西部，有 3 个地区近来表现令各方惊喜，第一是重庆，第二是贵州，第三是西藏。这 3 个地区在现在中国经济增长速度从高速增长转为中高速增长之后，其经济增长速度明显快于其他地区，比如说 2016 年上半年重庆经济增长率是 10.8%，在过去的 3 年中重庆的经济增长率也都在 10% ～11%。经过分析，大家认为重庆的经济增长主要得益于推动产业转型升级的时间比较早，10 年以前就开始布局，现在看来是进入了收获期。据说，现在全世界每销售 3 台笔记本电脑，就有一台是在重庆生产的，重庆已经成功转型为现代电子制造基地。另外一个很重要的因素就是重庆通过努力改变了自身的经济区位条件，成为对中东、欧洲市场的桥头堡。大家都知道以前中国经济主要是面向太平洋，长三角、珠三角地区的属于对外开放的一线城市、一线省份，而重庆处于西南腹地，相比起来就没有资金优势、信息优势、交通优势、区位优势，发展受到限制。前几年重庆做了一件非常漂亮的事情，在各方面的支持下开通了"渝新欧铁路"，使重庆的工业制成品可以在十几天之内到达欧洲市场，一下子使重庆变成西部开放和贸易的桥头堡，这对后来的"一带一路"战略具有深远的意义。后来围绕着"一带一路"，很多省提出了与"渝新欧铁路"相似的概念，如从义乌出发的叫作"义新欧铁路"，从郑州出发的叫"郑新欧铁路"，从西安出发的叫"西新欧铁路"，等等。从世界经济史来看，贸易路线的变化实际上就是财富路线的变化，"渝新欧铁路"极大地改变了重庆的贸易区位条件，对中国整个西部影响是非常深远的。除了重庆以外，最近两年贵州的表现也令人瞩目。原来，贵州经济增长的条件很不好，长期居于 GDP 排名榜的倒数几位。最近两年，贵州抓住了产业升级的机会，着力发展大数据，取得了很大的成就，包括阿里巴巴在内的一些互联网企业纷纷将自己的数据基地向贵州转移，在此基础上，贵州围绕大数据已发展出一套新的商业形态。西藏在东部和西部的产业转移过程中抓住了一些机会，也取得了很好的发展。

3. 东南沿海"凤凰涅槃"。改革开放以来，中国经济的"火车头"长期是珠三角和长三角。2008 年金融危机对东南沿海地区的经济造成重大冲击，此后珠三角和长三角进入了一个相对消沉期。但就在这几年当中，东南沿海沉下心练内功，比如广东在 2008 年金融危机之后提出了"腾笼换鸟"的战略，积极推动产业转型升级。这个过程非常痛苦，但是几年做下来，现在珠三角地区已经出现新兴产业的曙光，带给各方面很大的惊喜。以深圳为例，现在它已经成为世界上先进电子制造的基地，生态最完整、产业配套最全、人才聚集最多，据说国外包括硅谷在内的一些企业研发出的先进电子产品，例如无人机、机器人，都纷纷拿到深圳来生产。这使得深圳在整个中国经济当中的表现非常亮眼，当地财政收入以 10%～20% 的速度快速增长。深圳还出现了一批令中国人非常自豪的大企业，如华为、中兴、大江等，另外还有成千上万铺天盖地的中小企业，令各方非常惊喜。长三角方面，杭州的阿里巴巴已经成为世界零售业巨头，2015 年的营收已超过了美国沃尔玛，这也是非常值得骄傲的事情。在北京，中关村创新创业的活力同样非常活跃。所以说，以前经济比较发达的东南沿海抓住了新经济的机会，完成了"凤凰涅槃""浴火重生"。当然，目前新经济还只是一些点上的突破，远未形成产业群、产业带。

这就是中国经济的地区间结构性分化：东北塌陷、西部崛起、东部重生。如果再加上长江经济带、"一带一路"，还有京津冀发展圈，就可以更清楚地看到中国经济版图正处于重构之中。如表 1-3 所示。

表 1-3　近年来东、中、西、东北四大区域占
全国 GDP 的比重变化表

时间	东部	中部	西部	东北
2005	55.49%	18.78%	17.11%	8.62%
2006	55.50%	18.67%	17.33%	8.50%
2007	55.06%	18.94%	17.58%	8.42%
2008	54.13%	19.21%	18.14%	8.52%
2009	53.84%	19.32%	18.33%	8.51%
2010	53.09%	19.70%	18.63%	8.58%
2011	52.04%	20.04%	19.22%	8.70%
2012	51.32%	20.17%	19.76%	8.76%
2013	51.20%	20.16%	20.01%	8.63%
2014	51.16%	20.26%	20.18%	8.40%
2015	51.52%	20.34%	20.11%	8.03%
2016.06	54.02%	20.23%	18.82%	6.93%

（二）经济行业正在发生结构性分化

从行业来看，可以将中国经济简单区分为两个，一个是旧经济（或者称"传统经济"），一个是新经济。所谓旧经济或传统经济主要是指三大行业：制造业、房地产和基础设施，这三大传统产业在过去几十年当中，长

期支持了中国经济的高速发展。但是在 2010 年以后，尤其是在 2015 年以来，传统经济的下行态势非常明显。特别是制造业，各方面的感觉最痛切，现在如果讲到哪个企业经营困难了、哪个老板跑路了，十有八九都是制造业。在基础设施领域，传统搞建设的部门，不论是修桥的、盖房子的，还是修路的，统统产能过剩。房地产方面，前一段时间火了一把，但基本上是处于"最后的疯狂"阶段。总之，这 3 个曾经对中国经济贡献很大的行业，现在明显开始走下坡路，情况很严峻。与此形成对比的是，建立在"互联网＋"基础之上的新经济生机勃勃，给大家带来了很多惊喜。以阿里巴巴为例，现在看已实现了对传统零售商业的全面改造，而且催生了一些新的行业，如快递、物流、移动支付、互联网金融等，其发展势头十分迅猛。所以，互联网＋传统产业所产生的新经济正在给中国经济带来曙光，是未来整个中国经济和世界经济的希望所在。

（三）产业部门正在发生结构性分化

所谓产业部门，即通常所说的第一产业、第二产业和第三产业。进入工业社会以后，农业部门的产值、比重和从业人员占比一直很低，工业部门即第二产业长期以来是中国经济中占比最高的部门。但是近几年来这个情况出现了变化，2015年我国服务业增加值占GDP的比重第一次超出了制造业，成为对当年新增GDP贡献最大的部门。如图1-3所示。

可以看出，前几年服务业增加值占GDP的比重都是在50%以下，2015年服务业增加值占比第一次超过

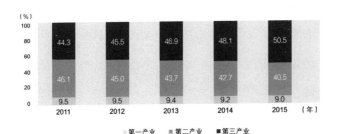

图1-3 2011—2015年三大产业增加值占国内生产总值比重

了 50%，超出制造业，成为对经济贡献最大的产业部门。2016 年，这种态势仍然在继续。换句话说，以后经济的新增长点可能主要在服务业。服务业不仅包括一般的生活性服务业，更重要的是金融、保险、会计、法律、咨询、研发等生产性服务业，这是一个非常重要的产业形态变化过程，也是中国经济由制造业向服务业转型升级的重要信号。

总之，要看懂中国当前经济形势，需要掌握 3 个关键词。一是"三期叠加"，即通常所说的经济增长速度的换挡期、结构调整的阵痛期、前期刺激政策的消化期。二是"工业化后期"，即总体而言，经过改革开放 30 多年的发展，中国当前已处于工业化后期，从工业向服务业的转型升级正呼啸而来。三是"长周期"，即世界经济已处于第二次工业革命以来的衰退期，科技创新时不我待。

四、中国共产党人的两大历史期许

在谈到供给侧结构性改革的背景时，还必须要提到中国共产党、中国政府的两大历史期许。前面提到过，整个世界经济在 2008 年后进入"后危机时代"，这同时又叠加了科技长周期的衰变因素，因此现在看来，世界经济在可见的时期内很难发生根本性的改变。至于中国经济，各方面因素的综合影响意味着这个下行的态势是长期的，权威人士在《人民日报》发表的判断也是"还将长期处于 L 形"。但面对这样一个经济大趋势时，中国政府有自己的两大历史期许，一个是在 2020 年全面建成小康社会。"全面建成小康社会"有许多具体内容，在经济方面主要有两个指标，即到 2020 年，中国 GDP、城乡居民收入水平相对于 2010 年要翻一番。经过有关部门测算，要达到这个目标，2016 年到 2020 年这 5 年当中中国经济增长速度要达到 6.52%～6.54%，即 6.5% 以上。

第二大任务就是习近平同志提出的实现中华民族伟

大复兴的"中国梦"。"中国梦"量化到经济方面，就叫作"跨越中等收入陷阱"，进入高收入国家行列。这也是以前邓小平同志在规划中华民族实现"三步走"策略时的第三步，业界还有一句比较振奋人心的话，叫作"重回世界之巅"。高收入国家的标准，按照现在世界银行的要求，就是人均 GDP 要达到每年 12000 美元以上，这是进入高收入国家的门槛，一些发达国家的人均 GDP 水平是要高于这个水平的（表 1-4）。2015 年的时候我们国家的人均 GDP 为 7950 美元多一点，还不到 8000 美元，也就是说从 8000 美元到 12000 美元我们还有 1/3 的差距。只有继续发展，才能实现这两个宏伟目标。

表 1-4　世界银行《2012 年世界发展报告》

	人均国民总收入（GNI）（美元）
低收入经济体	≤ 1005
中下等收入经济体	[1006,3975]
中上等收入经济体	[3976,12275]
高收入经济体	> 12275

全面建成小康社会的主要要求

一是经济持续健康发展。转变经济发展方式取得重大进展，在发展平衡性、协调性、可持续性明显增强的基础上，实现国内生产总值和城乡居民人均收入比2010年翻一番。科技进步对经济增长的贡献率大幅上升，进入创新型国家行列。工业化基本实现，信息化水平大幅提升，城镇化质量明显提高，农业现代化和社会主义新农村建设成效显著，区域协调发展机制基本形成。对外开放水平进一步提高，国际竞争力明显增强。

二是人民民主不断扩大。民主制度更加完善，民主形式更加丰富，人民积极性、主动性、创造性进一步发挥。依法治国基本方略全面落实，法治政府基本建成，司法公信力不断提高，人权得到切实尊重和保障。

三是文化软实力显著增强。社会主义核心价值体系深入人心，公民文明素质和社会文明程度明显提高。文化产品更加丰富，公共文化服务体系基本建成，文化产业成为国民经济支柱性产业，中华文化走出去迈出更大步伐，社会主义文化强国建设基础更加坚实。

四是人民生活水平全面提高。基本公共服务均等化总体实现。全民受教育程度和创新人才培养水平明显提高，进入人才强国和人力资源强国行列，教育现代化基本实现。就业更加充分。收入分配差距缩小，中等收入群体持续扩大，扶贫对象大幅减少。社会保障全民覆盖，人人享有基本医疗卫生服务，住房保障体系基本形成，社会和谐稳定。

五是生态文明建设取得重大进展。主体功能区布局基本形成，资源循环利用体系初步建立。单位国内生产总值能源消耗和二氧化碳排放大幅下降，主要污染物排放总量显著减少。森林覆盖率提高，生态系统稳定性增强，人居环境明显改善。

简要总结一下。当前不管是从历史来看，还是从我们国家自身经济发展的阶段来看，中国经济下行的态势已形成，和世界经济一样都处于下行阶段，这是一个基本判断。与此同时，中国政府和中国共产党给了自己两个历史使命："全面建成小康社会"和"跨越中等收入陷阱"。而完成这两个历史使命，要求我国经济必须要保持一定速度的增长。这就形成一对矛盾，一方面要下行，一方面要保持适度的增长。供给侧结构性改革就是化解这对矛盾的一把钥匙。

第二章

供给侧结构性改革的
理论要点

一、供给侧结构性改革的理论模型

经济增长的理论告诉我们，从供给的角度来看，经济增长主要是取决于劳动力、土地与自然资源、资本、科技创新、制度这五大要素之间的组合情况以及由此产生的综合效益。用公式表示如下：

$$G=f(L, R, C, T, I)$$

其中，G 代表经济增长，L 代表劳动力，R 代表土地与自然资源，C 代表资本，T 代表科技创新，I 代表制度。

经济学意义上的要素，是指不管从事哪个行当的生产、提供什么形式的服务，都会涉及类似的投入，如人、地、钱等，当然要素的质量、数量，如何组合等在各个企业是有所不同的。重要的事情说三遍，供给侧结构性改革核心问题是要素！要素！！要素！！！

以上 5 个要素又可分为两个层面。第一个层面是传统要素，主要有 3 个方面：劳动力即人的情况，土地即生产经营场所，资本即钱的情况，简称为"人、地、钱"。这 3 个要素大家都非常熟悉，可谓耳熟能详。但是，这 3 个要素只适合于微观经济主体，即企业和公司，企业家用自己的才能把这 3 个要素组合成特定的生产或者是服务，这是比较简单的。

第二个是新要素，主要指科技创新和制度。简言之，如果将视野上提到中观层面，即大企业的角度，就要新增一个科技创新的要素，因为对于大企业而言，科技含量、核心竞争力这类问题特别重要。纵观世界产业发展史，推动科技创新这件事情的主要责任还是落在大企业头上，这也是大企业之所以成为大企业的主要原因。举例而言，IBM 当年主动放弃了 PC 业务，将其卖给联想了，但联想买了 PC 业务以后不多久，PC 在全球产业当中的地位就开始下降了，而此时 IBM 早已转向做"智慧地球""智慧城市"这类高科技、大数据的事，在一个崭新的领域继续引领着创新。在国内，华为公司每年用于研发方面的支出超过 100 亿元，任正飞同志在 2016 年全国科技创新大会上讲过一句话，在微信朋友圈里面流传甚广。他说，对于华为来讲，现在进入到无人区，前面没有方向，后面也没有来者。他讲的就是科技创新到这一步后，华为已经成为一个孤独的引领者。所以，大公司在科技创新上面肩负着非常重要的使命，与此同时也引领着市场。

如果再往上上升到宏观层面，即国家这个层面，制度就非常重要，因为政府是这个社会中唯一的、垄断的制度供给者。企业也好、家庭也好、个人也好，都是在政府给定的"制度天花板"下面行动，这不仅对于维护一个社会的正常秩序极端重要，对经济增长的重要性也无与伦比。在"制度影响增长"方面，所有的东亚国家，包括中国在内都是好例子。1978 年之前，我国实行的是计划经济，1978 年之后转向市场经济，所有人都深刻体会到了在这巨大的制度转型中，生活、生产、社会结构、人们的精神面貌等方面所发生的翻天覆地的变化。1978 年我国经济处于崩溃边缘，但到了 2015 年，我国 GDP 跃升到世界第二名，成为仅次于美国的世界第二大经济体，取得如此巨大的经济成就，主要原因就是制度变了。今天，放眼世界很多国家，比如说非洲，这个地区局势高度不稳定，老百姓也很贫穷，但不少经济学家认为这个地方不缺资源，甚至也不缺市场，缺乏的是强有力的政府，一个能提供各类市场制度的政府。前面反复谈到的叙利亚难民危机，也首先是因为本地的政府太弱，陷入政治斗争当中，使得当地的经济活动、社会稳定都无从谈起。如果你生在 20 世纪五六十年代，你可能对物质匮乏深有体会，但是你生在改革开放之后，凭借个人的努力，你可以买上汽车、房子，可以去世界各地旅游，制度对于个体命运的影响可见一斑。因此，在国家层面，制度对于经济增长来讲是极其重要的。

如果放眼当下和未来，要素中还要再增加一个，即信息、数据这类电子要素，而这也是正在孕育中的新经济正在做的事。对此，在第七章中将进行具体阐述。

二、供给侧结构性改革的核心是制度供给与制度创新

由于政府是制度供给的唯一主体，所以在供给侧结构性改革中，非常强调和重视以政府为主体，进行系列的制度创新与制度供给。简言之，供给侧结构性改革的核心是政府管理经济社会方式的制度创新。结合十八届三中全会精神，这主要表现在以下 3 个方面：

（一）管住权

管住权，即管住、管好政府这只"看得见的手"，将政府职能更多调整到宏观调控、市场监管、公共服务、

社会管理上来，具体体现为进一步深入推进"简政放权、放管结合、优化服务"的行政审批制度改革。经过3年的努力，我国行政审批制度已取得了阶段性成效，"三张清单"大大提升了各级政府管理的透明度与规范程度。目前，行政审批制度改革已进入深水区，诸多系统性、基础性问题正在浮出水面，需要从"重视数量"转向"提高质量"，以法治化、系统化、标准化、信息化、协同化、阳光化为指针，职能、机构、编制三方面联动，将改革向纵深推进。当前，应重点抓好全国统一的行政审批信息数据库及在线行政审批平台建设，推动全国统一的行政审批标准化改革，建立覆盖所有法人、自然人的全国性信息信用系统，执行统一的市场监管规则，以最大限度地减少社会交易成本，为企业创造良好的经营环境。

（二）管住钱

管住钱，即深入推进财税改革，形成政府与社会、中央与地方、财政与各部门之间稳定的经济关系以及规范的政府财政管理制度，用好财政这根"指挥棒"。当前的重中之重主要有两点，一是要尽快调整中央与地方财政体制，重构与新常态、新经济相符的地方收入体系。具体而言，要尽快推动税收制度由间接税为主向直接税为主转化，尽快完成房地产税、个人所得税、消费税、资源税等改革，要将房地产税、消费税、资源税等有明显地方特征的税种划归地方收入，逐步削减增值税、所得税的共享比例，推动其一步步还原为真正的国税，要进一步提高中央对地方一般转移支付的比例、透明度与规范程度，提高地方收入的可预期性。唯其如此，才能将完成"去产能""去库存"等重点任务所必需的激励机制调整到位。这一点应当给予高度的重视，否则市场将始终难于出清。二是要深化收费制度改革，一方面破除各类收费、政府性基金的"收、支、用、管"一体化机制，借经济下行之机，削减收费、政府性基金等的部门化特征，以规范政府收入秩序，提高财政统筹能力，应对即将到来的减收、减税潮；另一方面可考虑全面取消各级行政部门提供普遍性服务的收费项目，尽早实现"行政零收费"。

（三）放开市场

改革开放 30 多年以来，我国开创性地实现了从计划经济向市场经济转轨的变革。1984 年 10 月召开的十二届三中全会做出《中共中央关于经济体制改革的决定》，阐明了我国经济体制改革的大方向、性质、任务和各项基本方针政策，指出"改革是为了建立充满生机的社会主义经济体制"。1993 年 11 月召开的十四届三中全会做出《中共中央关于建立社会主义市场经济体制若干问题的决定》，提出了建立社会主义市场经济体制的总体思路。到现在为止，我国市场经济的基本框架已经建立起来，人们日常生活中所涉及的大多数商品的服务，都主要是由市场生产、市场定价和市场交易构成，但对于各行各业生产经营非常重要的要素，如土地、资本、电价、水价及各类资源等，多数还控制在政府手中，市场化目标还远远没有实现。所以有人讲，到目前为止，我国的市场经济还是一个"半拉子工程"。

供给侧结构性改革就是要进一步放开市场，准确地说，要进一步放开要素市场，并形成市场正常运行的各项基础性制度条件。下面会有很多内容涉及这一点，此处不再赘述。

三、供给侧结构性改革的实质是政府与市场关系的再平衡

从制度、资本、劳动力、土地及自然资源和科技创新这五大要素出发，可以说清楚一个大家非常关心，但很多时候说不清楚的问题，那就是供给侧结构性改革中政府与市场定位的问题。有些人经常疑惑，在供给侧结构性改革中的主体到底是政府还是企业？比较综合的回答是既跟政府有关，又跟企业有关。但是这个回答比较

笼统，给人的印象不够清晰。从五大要素的角度来讲，就可以说得比较清楚（图 2-1）。

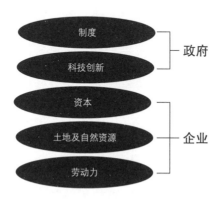

图 2-1　要素视角下供给侧结构性改革中的政府与企业的定位

从微观经济主体（主要是企业、公司等）的角度，所关心的要素实际上是人、地、钱 3 类要素的组合，以及具体的生产经营活动，因此企业在供给侧结构性改革中所处的位置和主要发挥作用的方面，主要是组织好具体的生产经营活动，提高所供给产品与服务的质量和效益。在中观层面，是大企业特别关心的科技创新，这是领先型企业主要发挥作用的层面。但在宏观层面，就主要是政府了，即政府作为制度的唯一和垄断的供给者，主要着眼点应是制度。这样，就可以有效区分在这么宏大的供给侧结构性改革当中，政府和企业之间到底如何定位，以及它们之间的关系。说得再清楚一些，那就是在供给侧结构性改革中，政府不要过多下到企业的领域与层面，不要想着为企业做主，而是要做好自己分内的工作，那就是制度供给与制度创新。

其实，供给侧结构性改革的实质就是平衡政府和市场之间的关系。改革开放以来，我国面临的最核心的问题之一就是如何处理好政府和市场之间的关系。但是谁能告诉你怎么样才能处理好呢？有谁可以给你划出一个明确的界限，告诉你这边是政府，那边就一定是市场呢？全世界都没有。实际上，自从有了市场经济以后，所看到的一定是政府和市场的某种调和，某一个时期政府强一点，某一个时期市场强一点？如果市场太强了，开始出现负面作用了，政府去补补填填，多一些政府介入、干预、管理；然后再到一段时间以后，政府过多管制开始出现负面作用了，再调整调整，给市场、给企业家多一些权力，这两者之间的调和永远是处在变化过程当中（当然，也要重视和强调这两者之间的合作，如PPP）。对于我们来讲，当前这方面面临的主要问题还是政府作用太大、太强，政府干预过多、过细，所以在谈到政府和市场关系的时候，十八届三中全会《中共中央关于全面深化改革若干重大问题的决定》中有一句话，发挥市场配置资源的决定性作用与更好地发挥政府作用，这说明我们又到了一个要调整政府和市场之间关系的时期了。在我国供给侧结构性改革当中，主要要做的事就是要通过更好地发挥政府作用，去发挥市场配置资源的决定性作用。换言之，更好地发挥政府

知识链接

PPP：Public-Private Partnership，即政府和社会资本合作，是公共基础设施中的一种项目运作模式。

作用是手段，目标是激活市场，激活企业，发挥市场配置资源的决定性作用。

社会上有一种误解，认为推进供给侧结构性改革是要搞新的"计划经济"。事实上恰恰相反，供给侧结构性改革的目标，就是要充分发挥市场在资源配置中的决定性作用，通过进一步完善市场机制，矫正以前过多依靠行政配置资源带来的要素配置扭曲。比如，过去由于市场机制的作用发挥得不够，政府干预过多，市场不能及时出清，引发了各种结构性矛盾，一些没有效益的"僵尸企业"，有些地方非要硬撑着给贷款、给补贴等等，供给侧结构性改革恰恰是要调整这些扭曲的政策和制度安排，从而进一步激发市场主体活力，以更好地发挥市场作用。这是社会主义市场经济在新形势下的完善和深化，绝不是要回到计划经济的老路上。

四、供给管理与需求管理的区别与联系

供给与需求，是市场经济的一对矛盾统一体，两者互为表里，同生并存。理论上讲，在任何一个时期，都要既重视供给侧，也要重视需求侧。但就某一个特定的阶段而言，由于要素禀赋不一、外部环境条件不一、施政目标不一，宏观经济管理上往往需要选择着重在供给侧发力，还是着重在需求侧发力。

供给管理和需求管理的主要区别是：

第一，前提条件不同。一般而言，需求管理的前提是完全竞争，即供给侧已处于良性甚至优质状态之中，因此只需要调整有效需求即可。而供给管理的前提是不完全竞争，即供给侧存在严重问题，如垄断、创新不足、体制机制不健全等等，需要进行结构性改革。

第二，适用时期不同。一般认为，需求管理适用于短期，而供给管理关注长期。因此，前者可用于一个经济周期内的调整和相机抉择，而后者则适用于更加长期、

更加深刻的结构性变革之机。

第三，政策工具不同。一般而言，需求管理的主要政策工具是财政政策与货币政策，而供给管理的主要政策工具则是制度变革，即通过放松政府管制、减税、降低福利、国企市场化改革等，培育和释放社会自身活力。

必须指出，供给管理并不是对需求管理的简单替代，而是不同时期、不同情况、不同条件下的不同选择。短期而言，需要根据具体情况确定宏观调整是侧重于供给，还是侧重于需求（即使如此，也不可绝对地认为供给管理就是对需求管理的否定，它们仍然是相互配合的关系），但长期而言，供给与需求永远都是一对矛盾的两个方面，两者互为条件，相互转化，两手都得抓，但主次要分明，要根据不同时期的具体情况进行"相机抉择"。

改革开放以来，我国推动计划经济体制向市场经济体制转轨的同时，十分重视需求管理。比如，改革开放之初，在沿海一带主要依靠来料加工，三来一补，借力的是海外需求。在国内，由于基础设施匮乏，长期依靠的是以政府投资为主进行的数轮基础设施建设。在1997年亚洲金融危机和2008年全球金融危机以后，先后采用了"积极财政政策"与"稳健货币政策"的搭配。可以这样说，需求管理已成为过去一个时期我国政府在推动经济增长中，使用得最多、最为得心应手的方法。

需求管理对推动中国经济增长曾发挥了重大的作用。从1998年看，我国率先走出了亚洲金融危机的阴影，从2008年全球金融和经济看，我国也是在较短的时间内实现了复苏，并带动了其他国家经济恢复。到2014年，我国GDP已达到67万亿元，稳居世界第二。与此同时，我国的城市建设、基础设施也发生了翻天覆地的变化。需求管理对于中国经济取得今天这样的成就功不可没。

但是，随着时间的推移，需求管理所产生的负面作用正日渐明显，一方面是投资的边际效益递减，另一方面是国内的环境、能源、生态已不能承受继续粗放发展。在2008年全球金融危机后，外部需求锐减的情况下，单纯的需求管理更是显示出其局限性，已远远不能提供中国经济增长的驱动力。所以，习近平总书记才说，要在适度扩大总需求的同时，着力加强供给侧结构性改革。

五、中国新供给经济学

新供给经济学是当前国内一个引人注目的经济学流派。国内学者对于供给管理的重视始于 2008 年全球金融危机之后。一方面，很多国内经济学家观察到，即使在高度崇尚自由市场的欧美等国家，当危机来临时，政府依然毫不犹豫地出手干预，典型的例子是美国政府出面救助"两房"，这表明即使市场经济已经高度完善，但仍然不能如人们所愿的那样实现自我修复，仍然需要政府的介入。另一方面，这一场全球金融危机同样将我国拉入了经济下滑的泥淖，尽管政府先后推出包括 4 万亿元在内的投资计划，也仅能解一时之困。在这种背景下，一些官员、学者开始反思已使用多年的凯恩斯关于拉动经济增长的**三驾马车**（即投资、出口、消费，具体详见P59）的理论，相继提出在中国宏观调控中，需要引入理性的供给管理。

2013年1月，贾康、徐林、姚余栋、黄剑辉等发表了《中国需要构建和发展以改革为核心的新供给经济学》一文，标志着中国新供给经济学正式到来。2013年3月，华夏新供给经济学研究院成立。同年，新供给经济学50人论坛成立。在此后的两年多的时间里，全国有100多位经济学专业人士陆续聚集在新供给研究的旗帜之下，出版和发表了大量的专著、论文、研究报告等，逐渐形成了引人注目的新供给经济学学派。

新供给经济学立足于发挥政府促进经济发展的关键作用，对传统经济学、制度经济学、转轨经济学、发展经济学和信息进行了整合，认为有效供给比有效需求更能促进经济的长期增长。其核心观点是，政府应当以推动机制创新为切入点，以结构优化为侧重点，着力从供给端入手来推动中国的新一轮改革，有效化解"滞胀""中等收入陷阱"等潜在风险，实现中国弥合"二元经济"、趋向现代化的新一轮经济可持续健康发展与质量提升，并提出了"八双""五并重"的政策主张。

"八双"的主要内容是：

"双创"——走创新型国家之路和大力鼓励创业。

"双化"——推进新型城镇化和促进产业优化。

"双减"——加快实施以结构性减税为重点的税费改革和大幅度地减少行政审批。

"双扩"——对外开放格局和新的国际竞争局面之下，扩大中国对亚非拉国家的开放融合，以及适度扩大在增长方面基于质量和结构效益的投资规模。

"双转"——尽快实施我国人口政策中从放开城镇体制内"一胎化"管制向逐步适当鼓励生育的转变，和积极促进国有资产收益与存量向社保与公共服务领域的转置。

"双进"——在国有、非国有经济发挥各自优势协调发展方面，应该是共同进步，需要摒弃那种非此即彼截然互斥的思维，在"混合所有制"的重要概念之下，完善以"共赢"为特征的社会主义市场经济基本经济制度的现代化实现形式。

"双到位"——促使政府、市场发挥各自应有的作用，进行双到位的良性互动、互补和合作。

"双配套"——尽快实施新一轮"价、税、财"配套改革，积极地、实质性地推进金融配套改革。

"五并重"的主要内容是：

第一，"五年规划"与"四十年规划"并重，研究制定基于全球视野的国家中长期发展战略。

第二，"法治经济"与"文化经济"并重，注重积极逐步打造国家"软实力"。

第三，"海上丝绸之路"和"陆上丝绸之路"并重，有效应对全球政治经济格局演变。

第四，柔性参与 TPP 与独立开展经济合作区谈判并重，主动参与国际贸易和投资规则的制定。

第五，高调推动国际货币体系改革与低调推进人民币国际化并重。

新供给经济学是中国本土经济学理论的重大创新。与西方主流经济学相比，新供给经济学特别重视供给管理和政府在经济发展与经济繁荣中的关键作用，而这正是各方已直观地认识到的中国经济学可能有别于西方经济学的主要方面。新供给经济学的思想渊源，固然有西方成分，但更有中国传统文化的滋养，因为强调和重视政府在促进经济增长中的作用，是自古以来中国的传统

TPP：前身是跨太平洋战略经济伙伴关系协定（Trans-Pacific Strategic Economic Partnership Agreement，简称P4），最早是由亚太经济合作组织成员国中的新西兰、新加坡、智利和文莱4国发起，是目前重要的国际多边经济谈判组织，旨在促进亚太地区的贸易自由化。2016年2月4日，美国"重回亚太"，与日本、澳大利亚、文莱、加拿大、智利、马来西亚、墨西哥、新西兰、秘鲁、新加坡和越南等12个国家在奥克兰正式签署了《跨太平洋伙伴关系协定》（TPP）。近期，美国新当选总统特朗普已宣布放弃TPP。

特色。由于新供给经济学立足和针对的是中国自己的经济问题，并提出了相对系统的制度创新与政策优化方案，有很强的应用价值，因此受到有关方面的重视，对推动供给侧结构性改革做出了自己的贡献。

第三章

供给侧结构性改革的
提出背景

○ ••

供给侧结构性改革在中国提出以后，各方面的解读非常多。总体上来讲，自 2015 年 10 月习总书记第一次提出这个概念以来，到现在仅有一年多的时间，但各方面关于供给侧结构性改革的讨论已经过了好几轮。刚开始，各方面更多是去学习什么是供给、什么是供给侧、什么是结构性等概念性的东西。有一段时间，社会上对于供给侧的理解甚至出现了"庸俗化""短期化""绝对化"这 3 个趋势。所谓庸俗化，是指不分对象内容，什么都往"供给侧"这个篮子里面装；所谓短期化，是以供给侧改革的短期重点代替长期的结构性改革，"就短言长"甚至"以短代长"；所谓绝对化，是指混淆了目的和手段的关系，认为供给侧改革就是要进一步强化政府的作用（手段），而认识不到根本目标是发挥市场配置资源的决定性作用（目的）。2016年5月之后，明显感觉到各方面对于供给侧结构性改革的认识和共识逐渐多起来了，相关讨论也越来越清楚。即供给侧结构性改革是中国领导层为了应对当前复杂的国际国内形势，所开出的破解当前中国经济增长迷局的一剂处方。这是一个总体的定位。

一、传统需求管理疲态已现

现实地讲，中国是一个非常看重经济增长速度的国家。在过去几十年当中，政府抓经济工作增长的主要抓手是"宏观调控"。宏观调控的主要内容是通过需求管理来实现增长，其背后的理论是**凯恩斯主义**。在凯恩斯主义需求管理视角之下的经济增长函数如下：

$$G=f(I1，C，I2)$$

其中，G 代表经济增长，f 是函数，括号里面是 3 个要素，I1 代表投资，I2 代表出口，C 代表消费，即通常所讲的"三驾马车"。也就是说，从需求管理的角度看，经济增长主要靠投资、出口、消费三大因素驱动，所以在过去的宏观调控思路当中，抓经济增长主要就是抓这三大需求。在经济下行的时候，要想办法刺激这三大需求当中的某一个或者某两个；在经济过热的时候，要想办法抑制这三大需求中的某一个或者某两个。

知识链接

> **凯恩斯主义**：也称"凯恩斯主义经济学"，主张国家采用扩张性的经济政策，通过增加需求促进经济增长，即扩大政府开支，实行财政赤字，刺激经济，维持繁荣。

需求管理对推动中国经济增长曾发挥了重大作用。到 2014 年，我国 GDP 已达到 67 万亿元，稳居世界第二。与此同时，我国的城市建设、基础设施发生了翻天覆地的变化。需求管理对于中国经济取得今天这样的成就功不可没。但 2008 年金融危机之后，欧美需求锐减，出口对我国经济增长的动力突然之间就衰减下来，至今仍然没有根本性的起色。在国内，过去主要靠投资拉动经济增长，这曾是中国政府最擅长的方面。有人说，各地发改委在推动当地经济增长的时候通常有两招：一是银行放票子，二是政府上项目，只要拿出这两招，在另一端即经济增长速度就会有所反应。但是，现在的情况不同了。2009 年国家搞了一个 4 万亿元的刺激政策，到今天为止这个政策仍然备受争议，主要就是因为当时 4 万亿元投下去后，GDP 的增长速度倒是很快出现了"V"形反转，但却只管用了一年，到 2010 年初，经济增长速度又下去了。后来在不同的时期，政府也还大大小小搞了不少刺激，但是明显感觉到效果越来越差，时效越来越短。所以曾经是推动中国经济增长最有效的一招，现在却不好使了。消费方面，历来就是"雷声大雨点小"，一直没能真正成为中国经济增长的内生动力。近年来，消费需求方面还遇到了消费结构升级的重大变化，表现为消费主体从政府为主向居民为主转化，消费对象从以有形的"硬商品"为主向以无形的"软服务"为主的转化，而我国现在的供给体系完全不能适应这种变化，我们称之为"老供给满足不了新需求"。这主要是因为我国现存的生产体系或者说供给体系主要是一种以投资性生产为主的体系。上面提到过，当前我国有三大传统的主要经济部门，房地产、基础设施、制造业，是过去30多年中推动中国经济增长最主要的3个驱动力量。这3个驱动力所针对的对象，主要是政府。也就是说，现在供给体系的主要买主是政府，比如说政府要建马路、修机场、修港口，修很多很多的基础设施。必须要承认，过去30多年中，这方面形成的供给能力和水平是非常高的。举例而言，现在中国高铁是全世界里程最长、速度最快、质量最好的。桥梁建筑水平也很高，什么样的桥中国人都能够建出来，有些桥的建筑难度相当高。比如即将通车的港珠澳大桥，不仅在世界上长度最长，而且也是构造、施工难度最高的桥，中国人能造出这种桥梁来。另外，中国人修高速公路、挖隧道、填海、造摩天大楼……这些本领非常高强，形成的供给能力很强大。问题是，随着中国进入工业化后期，对于这方面需求开始下降了，需求一下降，这些行业就产生了严重的产能过剩。

二、消费主体、消费内容正在发生深刻变化

在需求端，当前正在发生前所未有的变化。首先，需求主体变了，以前的买主主要是政府，现在的买主则变为普通消费者（或者说居民）。其次，是消费的内容变了。过去，普通的消费者主要讲究吃穿，经过改革开放30多年，中国已经生成两亿人左右的大规模的中产

阶级群体，这个群体的消费需求比较高，消费能力也比较强，但消费需求的内容变化很快。<u>当前，我国居民消费需求正处于升级换代的新阶段，我们将这个新阶段概括为：从有形的"硬商品消费"转向无形的"软服务消费"</u>。有形的硬商品消费方面，比如 20 世纪 80 年代人们追求"老三件"，20 世纪 90 年代追求"新三件"，这都是指家电消费。进入 21 世纪以后，人们狂热追求住房消费和汽车消费，现在这些方面的需求也基本得到满足了。汽车方面，现在中国人平均每十几个人就有一辆汽车，根据国际经验，已基本达到峰值。住房方面，基本上把下一代人、下两代人的需求都拉到现在提前释放了，无论是从人口结构还是房地产库存上看，都接近峰值。所以，现在人们吃穿住行方面的消费大部分都已经得到满足了，当下不是要解决有无的问题，而是要解决质量更好、品质更好的问题。到这个阶段，我国当前的供给体系马上就显现出其薄弱之处，所以才会出现中国消费者到日本去买杭州生产的马桶盖，这说明国内的消费环境、消费品质、产品质量和安全性等问题还有待进一步解决。

更重要的是，现在普通的消费品到处供给过剩，但是到服务领域去看看，就发现这些老百姓现在需要的服务基本上都存在着严重的供给不足。比如说医疗，所有的三甲医院无不人满为患，所有好些的学校无一不是一位难求，文化市场极其火爆，养老、旅游等等到处可见供给不足的景象。当前国人觉得最揪心的这些问题，在当前的实际供给体系当中得不到充分满足，服务领域里面存在很多供给不足的情况。在这种情况下，中国的中产阶级群体的消费需求在国内市场满足不了，就开始扩散到国际市场，相当部分的消费需求都跑到国际市场上去释放了。一些外国媒体报道，说中国游客的特征就是"买、买、买"，是"会走路的钱包"，过去是买奢侈品，现在是买一些普通消费品，表现在用消费需求拉动经济增长这个问题上，就是"荒了自己的地，肥了别人的田"。

这表明，中国当前的经济形态正在发生深刻的变化，表现为从以前的投资型经济正逐渐向消费型经济转换，消费将成为拉动经济最重要的力量。这个消费不是政府消费，而主要是指居民消费。居民消费的主体成千上万，个体差异非常之大，变化频率非常之快，这对于以后我国的经济增长模式有着非常重要的影响。对政府而言，在这种模式下，如果还要保持过去一样过多地介入经济活动，过多地干预企业，一定会遭遇失败，因为消费者自己都不知道自己需要什么，这种情况下，一定要把这个舞台更多地让给企业家，让企业家自己在市场当中去试错。对企业而言，必须要琢磨消费者是怎么想的，必须使自己的生产体系、服务体系保持弹性，可以随着市场的快速变化而快速转型。对这一重大变化与影响，目前来看很多地区、很多人的认识还不是太清楚，但以后慢慢会越来越明确。

从图 3-1 可以看到，2015 年中国居民消费支出中，

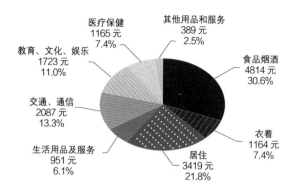

图 3-1　2015 年全国居民人均消费支出及其构成

用于食品、烟酒方面的支出，经济学上叫**"恩格尔系数"**，现在只占到全部开支的 30.6%，已进入了"相对富裕"的状态。从趋势上看，国家越富裕，居民用于食品、烟

恩格尔系数：Engel's Coefficient，19 世纪中期由德国统计学家和经济学家恩格尔提出，指食品支出总额占个人消费支出总额的比重。一般地，这一比重越低，表明经济越富裕。

酒方面的支出在整个消费支出中所占的比例就越小，比如丹麦，其居民的食品支出只占消费支出的18%，比例非常小。其他大量的消费将主要是用在各种各样的服务上，如医疗保健、教育文化、交通等等。这对企业未来怎么转型提供了启示。

三、劳动力市场出现关键变化

劳动力是经济增长的基础要素。现在，从我国总体层面上来讲，劳动力市场上面临着以下几个核心问题：

（一）劳动力数量快速下降

2012年末，我国16～59岁劳动年龄人口9.2亿人，比上年末减少205万人，为近年来首次下降。2013年减少244万人，2014年减少317万人，2015年减少371万人。现在看，劳动力总量减少的趋势仍然在继续。劳动力数量减少有很多方面的原因，其中之一是我国改革开放以后，农村剩余劳动力向城市转移，到现在为止已经基本转得差不多了，农村现在留下来的基本是小孩和老人，甚至连妇女都出来了，因此农村向城市转移劳动力的速度已经慢下来。经济学上将这称为"**刘易斯拐点**"，早在 2010 年前后，这一拐点就出现了。另外，这也与我国长期实行计划生育的政策有关，据不完全统计，1974 年到 1994 年这 20 年当中，由于计划生育政策，整个中国少生了两亿人。当时大家觉得人少好办事，中国最大的问题是人太多。但现在的问题是，人口增长速度下降过快，在年龄结构、性别结构等方面出现了很大的问题，

刘易斯拐点：由诺贝尔经济学奖获得者威廉·阿瑟·刘易斯提出，即劳动力由过剩向短缺的转折点，指在工业化进程中，随着农村富余劳动力向非农产业的逐步转移，农村富余劳动力逐渐减少，最终达到瓶颈状态。

造成人口替代率不足、青黄不接，反映在劳动力数量上就是总量下降过快。

（二）劳动力成本出现快速上升

2005 年到 2012 年，我国城镇单位就业人员平均货币工资年均增长 22.0%；2010 年到 2012 年，农民工月均收入年均上涨 16.3%。由此可知，这两年我国工资水平上涨比较快，尤其是农民工的工资水平，现在全国水平是每月 3000 多元。这个水平到底是高是低，要从不同的角度去看。从工人工资的角度，可能大家觉得低，但从企业的角度，就是雇人的成本上升，已使一些制造业面临着招不到人的问题。在沿海地区现在发明出一种新的办法来解决这个问题，就是所谓的"机器换人"。与此同时，由于劳动力成本上升，现在已有相当一部分劳动密集型的制造业基地开始从中国向周边的劳动力成本更低的国家迁移。最近有人讲，前两年在美国买东西，经常买到"中国制造"的东西，但是现在如果在美国买东西，可能会更多地买到"越南制造"，这实际上也表明了这两年一些制造业基地向我国周边的一些劳动力成本更低的国家迁移的趋势非常明显，这对我国的经济增长、就业等都造成了很大压力。究其原因，劳动力成本偏高、工资水平不能灵活反映劳动力市场的供需变化，是其中重要的影响因素。所以现在我国劳动力工资不能灵活地反映市场供求关系的变化，一旦企业家认为工资水平相对偏高了，制造业开始外流，这反过来对于投资、就业、收入都会产生影响。现在一些工厂招不到人、工厂关门，劳动力成本上升在其中起了一个很大的作用。

（三）国民生育意愿降低，老龄化社会快速到来

如果把时间稍微拉得长远一点，我国的劳动力还面临着两个长期而根本的问题。一个是"少子化"，就是国民生育意愿下降。从欧洲一些国家的发展历程可以看出来，但凡是生活变富裕以后，人口出生率就明显下降，

比如挪威、丹麦这些北欧国家，社会福利水平很高，但人口出生率非常低，它们多年来采用了很多鼓励生育的手段，但效果并不怎么好。这是一个很有趣、很普遍的现象，人比较穷的时候愿意多生孩子，人富裕了以后就不愿意生孩子了，很多富裕国家的人口更迭都跟不上人口衰老的速度。现在，"少子化"在中国已经出现，2015年国家放开了"二孩政策"，但是现在看效果也不乐观。与"少子化"相对应的就是"老龄化"社会的快速到来，因为生活水平提高后，人的平均寿命大大延长，所以老龄化的速度很快，据说要不了几年，中国每5个人口当中就有1个是老年人，这对于经济增长的长期影响绝对是不利的。比如日本，从20世纪80年代到现在，已经历了20年的经济低迷，其中非常重要的原因就是日本人口老龄化的程度很深。对比日本，中国的情况有可能更严重。因为日本是"先富后老"，即先进入高收入国家以后再进入老龄化阶段，而我国现在还处在中等收入阶段，但是老龄化社会正在快速到来。

人口问题对经济增长的影响是长期的，对国力、国运的影响也是长期的。很多年前，一些经济学家就开始呼吁要重视这个问题，但要转换观念、转换政策非常困难，直到2015年召开的十八届五中全会，才全面放开了二孩政策。甚至直到现在，很多人的思想也难于转变，过去几十年都被灌输中国人太多了，现在突然告诉大家中国现在的问题是人太少了，这个弯一下子真是转不过来。但是经济学家在这个问题上能看得更长远一点，实际上有人测算过，如果不采用对冲措施的话，我国人口下行会使经济增长速度大约下降3～3.5个百分点，非常可怕。当然我们从这个角度也可对未来我国房地产市场的走势有一个判断，因为价格由供求关系决定，而供求关系一定是受人口结构影响。在个体层面，也可能对近年来我国劳动力市场的关键性变化有一些感知，比如企业家会感到很难雇到人，年轻人跳槽比较快，等等，背后都是人口因素的影响。所以，人口问题，长期影响国运，短期影响经济增长。

四、土地制度城乡僵化

土地是财富之母，切实保护耕地也是我国的一项基本国策。近年来大家都感到在土地方面的矛盾、问题比较多。我们认为，这方面最大的问题是，我国现在的土地制度不适应我国城市化发展的需要。

我国实行的是土地国有制。首先要说明，在全世界众多国家和地区中，只有极少数国家实行土地国有制，我国就是其中一个，而且在世界大国中，也只有我国一个。我国的土地国有制是在 1949 年新中国成立以后建立起来的，这种体制不仅是土地国有，还是城乡分割的二元土地制度，即城乡土地实行的是完全不同的两套管理方式，且相互之间极难融通、流动，这种方式执行了 30 多年。1978 年，我国在开始改革开放、开始启动工业化进程的同时，也开始走上了逐步城市化的发展道路。到现在，我国城市化发展阶段正好是处于中期，2015 年，我国以常住人口计算的城市化率大概是 56%，折算成人口数量，就是现在全中国已经有近 7 亿人生活在城市。这是什么概念？要知道，1978 年改革开放之初，中国生活在城市里的城镇居民还不到两亿。这就是说，在 30 多年的时间内，有 5 亿左右的人口从农村迁移到城市，昔日的"农村中国"现已变成了"城市中国"。可以设想，随着庞大的人口进城，我们的城市必然会变大、变多。以前的农村，如县、乡这一级可能也变成了事实上的城市，而中等城市变成大城市，大城市变成特大城市，特大城市变成城市群、城市带。

在这个城市变多、变大的过程当中，必然会发生以前属于农村的土地，现在要变成城市用地，这就是在过去 20 多年当中我们看到的农村建设用地，通过各种名目变成了城市用地。但是，由于城乡土地制度是二元的、是分割的，所以变动的过程就不是一个自然的市场化的过程，而是充满了很多人为因素。前几年主要是城市政府用很低的价格把农民的土地收购后，转化为城市用地，在这个过程中引发了很多围绕着土地转移的各种各样的群体性事件。这几年情况发生了变化，地方领导干部吸取了前几年的教训，现在一般不会再强征农民的地了，但走向了另外一个极端，现在是付出天价。比如某沿海城市就发生过这样的例子，拆迁的时候有一户农民拿到了60多套房子。在北京，最近因为要把行政副中心迁到通州去，给农民的补助款动辄上千万。这是另外一个极端，过高的补偿与以前过低的补偿一样，都不正常。这就涉及一个根本性的问题，即农村土地和城市土地如何同地同价同权？这个问题对于中国当下来讲，一方面太重要了，另一方面也太复杂。这两年有关方面或有些地方，在土地问题上搞过一些改革，但是总体而言，这些改革都是小打小闹的，问题依旧存在。

另外，在农村，土地又分成"三块"，即农村集体建设用地、承包地和宅基地。现在看，每一块地都有问题，比如承包地的确权、抵押、交易等，目前还是不完善、不健全的。就城乡之间而言，现在急需要素的双向流动，即不仅农村的要素要有序、公正、合理地向城市流动，城市里的要素，如资金、信息、人才等，也要能向农村流动。但存在另一种声音，在"保护农村""保护农民"的口号下，阻止市场与工商力量向农村扩散，这又从另一个角度延误了农村在现代化大潮中应有的发展，使我国本来就十分巨大的城乡差距迟迟得不到弥补。归根结底，这与现行土地管理制度缺乏在城市化背景下的走向判断有密切关系，与土地制度本身涉及各相关群体的巨大利益调整高度相关，是制度供给滞后的另一个例子。除土地之外，我国其他各类自然资源方面，也存在着定价机制缺失以及政府发展经济的强烈动机之下的粗放使用，已经造成了近年来各方面有深切感知的、公众意见十分强烈的各类水、土、大气污染问题以及资源、能源过多过快消耗等严重问题，这与我国各类公共资源产权模糊有直接关系。

五、金融部门存在结构性缺陷

金融是现代经济的核心。无论是从外汇储备还是国内储蓄上看，我国都是世界上"最有钱"的国家。但从资本的使用效率上，以及从实体经济得到资金活动滋养的程度上看，我国金融领域存在的供给抑制与供给约束居全世界之冠。一是利率市场化进程不完全。二是金融市场主体"大小不均"，主体国有比重过大而民资外资比重过低，超级银行占比过大而中小型金融机构占比过小。三是资本市场结构不合理，主板市场占比过大而创新板、新三板、场外股权交易市场高度不发育。这些成为导致长期以来我国对经济增长贡献最大、对就业贡献最大的广大中小企业得不到合理的融资支持，实体经济升级"突破天花板"得不到支持，"三农"领域的金融支持始终盘桓于政策倡导层面而实质性进展十分缓慢的主要原因。

这几年，在金融方面各方面有突出感知的一个问题，就是中小企业融资难和融资贵的问题长期得不到解决。

最近中国经济下行，与之相适应的，民间投资也开始下行，有些媒体报道说 2016 年以来民间投资"腰斩"，但据后来看到的一些数据，情形可能比这更严重。为此，国务院派出好几批督察组，到各地专门去调研民间投资到底存在什么问题。调研回来以后发布的报告称，一些地方在鼓励民间投资方面存在着许多老问题，其中一个就是融资难和融资贵的问题。这个问题早就不是新鲜事了，背后反映出我国金融体系长期存在严重的结构性问题。简要地说，就是现在的金融体系主要为国有企业、大企业服务的特色比较强烈，在支持中小企业上面，存在体制性缺陷。以银行系统为例，现在国有商业银行、股份制银行、城商银行、外资银行等，加起来也就 100 多家，而这 100 多家银行要应对的市场主体有七八千万家。由此可以想象，当大家都蜂拥般地到银行去贷款的时候，银行显然更愿意把钱贷给大企业，所以中小民营企业贷款难一直就是个问题，或者即使能贷到款，渠道很复杂，贷款利率也很高，这就成为抑制经济增长非常重要的因素。再比如，在非银行即资本市场这块，现在主要是深市和沪市，加起来也就是几千家上市公司的容量，与处于不同生命周期、存在不同融资需求的七八千万家市场主体相比，体量差别极大。所以中小企业始终存在融资难和融资贵的问题。进一步地，由于在正规的融资渠道得不到融资，大量中小企业就转向民间金融，而民间金融又处于正规的金融监管以外，所以就造成了很多金融风险，这在浙江、福建等东南沿海地区尤其突出。

六、科技创新存在诸多阻碍

科技创新对于经济增长十分重要。邓小平同志说过，"科技是第一生产力"，大家对此耳熟能详。2015 年底在党的十八届五中全会公报中，把科技创新的作用再提升了一个级别，叫"创新是引领发展的第一动力"，可见从思想观念上，各方面都认识到科技创新对于经济增长存在决定性作用，创新驱动已成为国家战略。

但在实际生活中，科技创新还存在很多问题，其中最突出的问题就是科技和经济"两张皮"。现在，一方面我国科研人员的论文发表数、专利申请数快速增长，名列世界前茅，但是缺一个能把这些成果转化为市场、转化为产业的有效而且成功的体制机制，科技成果向产业、市场的转化率不到10%。各类科研院所集中了很多优质人才和科研成果，但是由于种种原因，这些成果向市场转化、向产业转化的时候极不顺畅，这就使得我国的创新总体上比较弱。前几十年，我们主要以学习、借鉴为主，这对于刚刚搞市场经济的我国，也算情有可原，但现在我国已成为世界第二大经济体，再要去模仿，一是人家不给，二是到了互联网经济这个阶段，世界上其他国家已没有几个在我们前面了，我们必须要自己创新。最近这两年，创新已开始具备一个社会大气候，但还没有形成一个社会常态，在创新方面还存在着一些很重要的阻碍。

（一）科研经费管理"行政化"

过去，一些地方将科研院所与行政单位、政府部门一并管理，科研经费与行政经费一并管理的"过度行政化"的问题，知识界意见很大。举个典型事例。中国社科院有一个非常著名的经济学家，是社科院学部委员，也是全国政协经济委员会的常委，按要求参加全国政协组织的外地调研，因老先生已经退休，没有行政级别了，按规定只能买经济舱，他提出能不能自己加钱或换里程升舱？但财务人员很为难，因为事后不好报账。制度要求科研人员使用科研经费必须要"物化"，变成实实在在的发票，既不尊重科研人员的智力劳动，也不符合科学研究的一般规律，极大地影响了科研人员的积极性。这些事在社会各界引起的反应非常大，后来通过各种渠道——如政协、两会等——反映到高层，2016 年以来在科研经费管理方面有所改进，出台了一些宽松的政策，先是审计部门表态说要尊重科研规律，后来财政部门也出台了相关政策。这背后的实质性问题是："创新驱动"要建立在科技发展的基础之上，而科技活动作为一种高度自主的智力活动，主要取决于科研人员本身的主动性、能动性、积极性与创造性，而行政化特色过强的科研管理制度则极大地压抑了科研人员的积极性，不利于建设创新型国家。

（二）科技成果转化不畅

在科技成果转化的过程当中，涉及很多具体问题，如成果怎么认定、收益怎么分配、税费怎么缴纳等，都是很重要的问题。以前这方面动辄涉及国有资产的流失问题，科技人员缺乏动力去将成果转化为产业和市场。目前，这方面有一些进步，政府出台了关于科技成果转化的相关鼓励政策，特别是一些地方科技行政管理部门出台的政策很有力度，另外国家层面还出台了知识产权保护的相关规定，但距离落实还需要一些时间。

（三）科技人员流动方面存在阻碍

比如，在职称评定、学术交流、社会保障等方面，科技人员要从一个科研院所向外流动，还存在很多现实的问题，这也使得众多科技人员的潜力没有被激发出来，宝贵的人力资源被白白耗散了。

总之，当前我国在制度层面存在着很多制约创新的体制机制问题，激发科技人员、企业创新研发的体制机制不畅通，科技成果转化的激励机制明显滞后，知识产权保护不力，人力改善供给机制被行政化，违反规律的制度机制让人压抑，等，导致创新还没有真正成为我国经济增长的主要动力，另外还有部门利益方面的阻碍，这在 2016 年以来互联网与传统产业结合的过程中表现得尤为突出。

七、政府管理经济社会的制度比较陈旧

政府是垄断性供给制度的主体。改革开放以来我国经济社会获得的巨大增长与政府管理理念的调整、方式的转化、体制机制的不断优化有着极其密切的关联。但是，随着改革进入深水区，各类利益纠葛日渐复杂，当下政府在供给以改革为取向的系列制度方面已经大大滞后。一是关键功能不到位，市场经济条件下，政府的主要功能是市场监管、公共服务与社会管理等，目前各地一再呼吁的"**大部制**"始终未有实质性进展。2015 年六七月

大部制：即大部门体制，在政府部门的设置中，将那些职能相近的部门、业务范围趋同的事项相对集中，由一个部门统一管理，最大限度地避免政府职能交叉、政出多门、多头管理，从而提高行政效率，降低行政成本。大部门体制改革始于 2008 年。

震动国内外的"股灾"就是其中的典型事例。二是关键领域改革不到位，如上文提及的土地改革、金融改革、国企改革、收入分配改革、人口战略调整等，慢于社会预期和现实需要。三是政府支持经济发展手段方式陈旧，仍然习惯于替代市场，习惯于以"政"代"经"，以"补贴""优惠"代替扎实的市场环境与市场基础建设。四是"简政放权、放管结合、优化服务"的质量与效果还有待提升，大众创业、万众创新面临的实质性门槛仍然比较高。

总体而言，现在政府管理经济社会的制度还比较陈旧。这主要体现在两个方面。第一，政府和市场的边界不清，政府管制比较多，干预比较多，包办代替的情况比较多，各类例子俯拾皆是。第二，政府内部管理还存在很多问题。从2013年以来，新一届党中央、国务院力推行政审批制度改革，后来丰富化为"简政放权、放管结合、优化服务"，到现在已推进好几年了。前两年国务院每年都组织第三方评估，评估结果发现，政府内部管理存在问题。比如一些制度规定可能在政府内部上下左右不衔接、不协同，一个投资人要上一个项目，一模一样的项目在浙江操作的办法可能和在隔壁的江苏操作是不一样的；即使在同一个省份，在不同的市、县操作方法也可能不一样，缺乏相对统一的管理标准与流程。另外，政府内部部门之间的信息不共享，以国务院力推的"三证合一""一证一照"为例，就涉及企业代码问题，以及几个部门间代码的合并问题，这个工作推动起来很困难。政府对于社会管理的方式比较陈旧，还体现在政府有时确实管了许多不该管也管不了的事，以前在企业投资审批上有所谓的"行政审批的万里长征图"，有所谓的中国人从生到死一共要在政府办多达100个各种各样的证件的"人在证途"，都从侧面反映了这个问题的存在。

此外，在涉及市场环境与体制机制的其他方面，也面临着一系列的约束，如公平竞争的市场环境、居民收入分配差距明显、区域发展不协调、社会保障制度不健全，社会的公平正义有待加强。这些都表明，我国建立市场经济体制的任务还没有完成，距离市场机制发挥配置资源的决定性作用方面还有待努力。

综上所述，在这种巨大的时代变局之下，中国政府若还想保持 6.5% 以上的增长，靠以前的需求管理是不可能实现的，必须要寻找新的出路。这个出路在哪里？经济学常识告诉我们，"需求"的另一个方面就是"供给"。供给、需求同为"一枚硬币的两面"，当需求这一面的空间收窄了以后，就要转过去看看，在供给那一面还有什么可为之处。这一看不得了，发现我们在供给方面可做的事情太多了，问题太大了。而供给侧，主要是看要素，也就是那些所有从事商品生产或服务提供的主体，在组织生产经营活动时都会投入的内容，包括劳动力、土地和自然资源、资本、科技创新、制度。总体而言，中国当下经济格局当中，这五大要素方面存在的问题非常多，有问题也就表明未来有努力的方向，有改进的潜力。

所以，供给侧结构性改革提出的主要背景，就是需求侧拉动经济增长的效应现在降低了，所以要转到供给侧来。其政策节点是：2015 年 10 月，习近平同志在中央财经工作领导小组第十一次会议上，第一次提出要在做好传统需求管理的同时，着力推进供给侧结构性改革。这是领导同志第一次提出"供给侧结构性改革"这个词。其后，在十八届五中全会公报上，也出现了一个新提法，即"释放新需求，创造新供给"，"新供给"这个词第一次被写入党的文件当中。在当年的中央经济工作会议上，对推进供给侧结构性改革做出了具体的部署。再到 2016 年 3 月"两会"期间，明确指出"十三五"时期的主线就是推进供给侧结构性改革。在这之后，供给侧结构性改革就在中国掀起一浪又一浪的学习与解读热潮，2016 年 5 月之后，各方面的认识开始趋于一致。以上，就是供给侧结构性改革在中国提出的主要背景与主要想解决的问题。

第四章

供给侧结构性改革的
国际经验与借鉴

在经济学界，很多人在谈到供给侧结构性改革的时候，就会想起有一个叫作"供给学派"的经济学流派，想起 20 世纪七八十年代有些国家搞过的"供给管理"。那么，中国要搞的供给侧结构性改革和它们有什么区别与联系呢？

一、西方经济学中的供给学派及其主要政策主张

在西方经济学理论中，的确曾经有过一个供给学派。其最早的代表人物是法国古典经济学家让·巴蒂斯特·萨伊。1803 年，萨伊出版了著作《政治经济学概

论》，提出了著名的**"萨伊法则"**，主要内容是："某人通过劳动创造某种效用，同时授予其价值。但除非有人掌握购买该价值的手段，否则便不会有人出价来购买该价值。所指手段由何组成？回答是由其他价值所组成，即由同样是劳动、资本和土地创造出的其他产品所组成。基于这一事实，我们可以得到一个乍一看来似乎非常离奇的结论，那就是生产为产品创造需求。……值得注意的是，产品一经产出，从那一刻起就为价值与其相等的其他产品开辟了销路。一般来说，生产者在完成产品的最后一道工序后，总是急于把产品售出，因为他害怕产品滞留手中会丧失价值；此外，他同样急于把售出产品所得的货币花光，因为货币的价值也极易流失。然而，想出手货币，唯一可用的方法就是用它买东西。所以，一种产品的生产，会为其他产品开辟销路。"这段话比较生僻，后人将之总结为"供给创造需求"的"萨伊法则"。举例而言，苹果手机就是一个"供给创造需求"的典型例子。在乔布斯发明苹果手机之前，老百姓对于智能手机并不清楚，但是乔布斯将其生产出来以后，全世界人都像疯了一样，立即被苹果手机所吸引，在全世界掀起一个又一个的购买热潮。大家经常引用一个例子，说个别年轻人宁愿割掉一个肾，也要去买一部苹果手机，真是非常疯狂。最近苹果推出了 iPhone7，同样在全世界掀起了热潮。这就是企业家用聪明才智制造出来的产品，创造出人民群众一个又一个的需求的典型例子，而这个需求从某种意义上来讲引领了产业的转型升级。

供给经济学的真正成名，始于 20 世纪 70 年代。其背景是：1929 年至 1933 年美国爆发经济危机进而引发全球经济衰退，这就是广为人知的"大萧条"。为应对衰退，各国先后采用了英国经济学家约翰·梅纳德·凯恩斯的经济理论与相关政策主张，掀起了一场声势浩大的"凯恩斯革命"。凯恩斯认为，有效需求不足才是宏观经济失衡的主要因素，因此，要实现经济增长，必须依靠投资、出口、消费这三驾马车的驱动，用刺激有效需求的方法，促进经济平衡和经济增长。这一理论先后被多个西方国家采用，在很长的时间内高踞政府经济学的宝座，为拉动当时的世界经济走出衰退做出了重大贡献。

但是，随着时间的流逝，凯恩斯主义的负面效果不断积累。由于过度人为扩大需求、刺激增长，到20世纪70年代初，主要资本主义国家先后出现了严重问题，后世将之总结为"滞胀"，即一方面经济增长停滞，另一方面通胀率居高不下。由此，凯恩斯经济学的主流地位受到质疑和挑战，一方面被认为是造成滞胀的主要原因，另一方面该理论无法解释也无力解决滞胀问题。在这种情况下，迫切需要新的经济学理论和政策指引西方经济走出困境。供给学派和供给经济学应运而生。

按照美国《新闻周刊》20世纪80年代初的总结，"供给学派"的主要代表人物有经济学家裘得·万尼斯基、罗伯特·蒙代尔和亚瑟·拉弗等，其中以亚瑟·拉弗最

为知名，以其名字命名的**"拉弗曲线"**至今仍然是经济学教科书的经典。（如图 4-1）

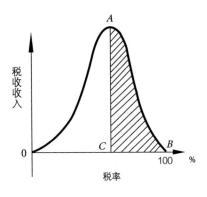

图 4-1　拉弗曲线

拉弗曲线的基本意思是，在原点处税率为 0 时，政府没有税收收入；随着税率的提高，政府的税收收入逐渐至最高；其后，如果税率还继续升高，政府的税收收入将不升反降。简单地说，高税率并不必然带来高收入，适时降低税率可能增加税收收入。

供给学派认为，凯恩斯经济学只强调财政政策对总需求的影响，却忽视了对相对价格、经济主体行为和总供给的影响，而决定经济长期增长的恰恰是供给方面的因素。据此，供给学派提出了如下观点与政策主张。

第一，经济增长的源泉在"供给侧"。供给学派认为，经济增长决定于供给，而供给决定于激励，激励决定于政府的各项政策、制度，如征税、规章条例、政府支出、货币供给等等。

第二，增加供给的途径是经济激励和投资。供给学派认为，增加生产和供给必须通过增加投资和劳动来实现，特别是投资的增加。而投资是储蓄的转化，所以产量的增长间接决定于储蓄量的高低。这一条非常重要，就是说提供商品和服务的主体是企业，这个听起来是常识，但是问题在于我们国家有些时候会认为增加供给的主体是政府。

第三，增加激励的主要手段是减税。供给学派认为，减税是增加激励最有效的手段。其逻辑是：减税可以让劳动者、储蓄者和投资者尽可能地获得最大报酬和利益，从而增强对经济主体的激励作用。上面提及的拉弗曲线的主要意思就是说明政府的高税率并不必然地带来高收入，原因在于高税率抑制了企业的生产经营积极性，相反，如果进行大幅度的减税，因此而释放出来的经济能力（税基增加）是巨大的，以至于政府的财政收入反而会因为减税而增加。

第四，尽量减少政府对经济的干预。供给学派特别强调市场机制作用，反对政府过多干预经济活动：一是反对政府的过大社会福利支出，二是反对过多的规章法令，三是反对国家控制货币发行量。后两条的意思是，企业要更好地提供商品和服务，主要来自于激励。这个激励又主要体现在企业要能赚钱，而为了使企业家能赚钱，政府要做两件事，一是减税，二是放松管制。

这些主要的政策主张，说白了就是要政府少管、少拿。回头去看，西方主要工业国家当时是怎么做这个事情的呢？从时间上来看，大概是在 20 世纪 70 年代到 80 年代，即西方主要工业国家进入到工业化后期的时候，这与中国今天所处的经济发展上的阶段性可谓完全一致，也就是说它们当时搞供给侧结构性改革也是进入到工业化后期，这一点非常重要。另外还有一个时间点，也跟今天的中国比较类似。前面讲过，过去二十来年我国抓经济增长的主要手段是搞宏观调控，而宏观调控的主要内容就是进行需求管理，也就是凯恩斯主义的现实政策操作。在第二次世界大战以后，西方国家也长期搞凯恩斯主义，但后来就进入到一个非常特殊的阶段，叫"滞胀期"，也就是经济增长停滞，怎么刺激都不增长，同时还有通胀率高企。到了这个时候，情况就变得特别麻烦，无论银行怎么发票子，经济就是不增长，这个跟我国今天的状况有不少相似之处。

二、美式供给侧改革：里根经济学

1980年，美国通胀率达到13.5%，而GDP实际增速为-0.3%。1981年，里根就任美国总统。他刚一上台，就提出了"经济复兴计划"。这一计划就开宗明义，将与凯恩斯的经济主张脱离，改为以供给学派理论为政策依据。这被称为**"里根经济学"**，而里根经济学就是以供给经济学为理论基础的。

供给学派的理论获得美国政府的采用，主要是因为两个原因。一是凯恩斯理论在20世纪70年代的失败，二是具有保守理念的里根就任总统。里根的英明就在于他能用极通俗的话，并富有感情地将复杂的经济学理论传达给美国大众，即减少税收、刺激经济、创造就业，通过经济和财富的增量反而能在低税率的前提下增加国家税收，同时增加大众的财富。

里根经济学的主要内容如下：第一，削减财政开支（不包括军费），特别是社会福利开支，减少财政赤字，至 1984 年实现预算收支平衡。第二，大规模减税，包括减少个人所得税，对企业实施加快成本回收制度，给企业以税收优惠，等。第三，放松政府对企业规章制度的限制，减少国家对企业的干预。第四，严格控制货币供应量的增长，实行稳定的货币政策以抑制通货膨胀。

通过几年的努力，从 1982 年 12 月起，美国经济逐渐走出衰退，其复苏势头比第二次世界大战后历次经济复苏都强劲有力。至 1988 年 5 月，美国经济持续增长 65 个月，成为第二次世界大战后和平时期经济增长持续时间最长的一次。通胀率也由最初上任时的 13.5％下降为不到 5％。美国 GDP 占世界的比重也由 1980 年的 23％上升到 1986 年的 25.2％。到 20 世纪 90 年代，美国迎来了以硅谷为代表的"新经济"技术革命的孕育期，经济活跃，国力强盛，长期稳居西方国家之首。需要指出的是，里根经济学的针对对象虽然是政府，但目的并不是加强政府、弱化市场，而是改革政府管理经济的方式。对此，里根有一句名言："在这场危机中，政府不是解决方案，政府就是问题所在。"

三、英式供给侧改革：撒切尔主义

所谓**撒切尔主义**，就是指玛丽·撒切尔夫人当政期间所推行的一套与以往不同的方针政策。其基本内容是，在经济上强调发挥市场机制的作用，减少国家干预，推行私有化和货币主义政策；在政治上反对英国工党的"社会主义"，打击工会和劳工运动，强化资本主义制度。其

撒切尔主义所代表的经济主张，如货币主义（低通胀）、市场经济（小政府）及私有化等，对后来很多领域都影响深远。各国央行定位于管理通胀目标、金融市场的自由化和全球化等，都可追溯到撒切尔主义。

产生背景如下：1945 年以来，英国为了尽快从战争的创伤中恢复过来，在多个行业大规模地实行国有化，这在一定程度上使英国经济迅速从第二次世界大战的阴霾中恢复，一定程度上保证了人民的生活水平稳定和提高。但 20 世纪 80 年代以来，英国经济发展非常缓慢，患上了严重的"英国病"。"英国病"的主要症状如下：一是通货膨胀率居高不下；二是经济增长停滞甚至倒退。比如，在 1980 年 5 月，英国的通货膨胀率高达 21.9%，远远高于同期的日本和联邦德国的水平。以现在的经济学理论来看，当时的这种"英国病"其实就是"滞胀"。

撒切尔主义的主要经济政策包括：第一，国企私有化。英国的国有企业始于第二次世界大战经济重建的需要。1945 年 7 月，英国政府出面将英格兰银行，约 1500 家煤矿煤气厂，70 多家钢铁厂，以及供电、铁路等部门，统统归入"国"字旗下；1974 年起，再次将国家企业局、国家石油公司、4 家大飞机公司、造船公司等收购为国有公司。凡事有一利必有一弊，国有企业虽为国家经济重建立下了汗马功劳，但很快陷于巨额亏损、效率低下、人员冗余的困境。1979 年，撒切尔夫人上台后，决意要推行国企私有化。在这一次私有化浪潮中，英国石油公司、宇航公司、英国联合港口公司、国际航空无线电公司、电讯公司、煤炭公司、钢铁公司等先后出让股权或整体售出，后来进一步延伸到供电、供水等"自然垄断"部门，私有化在英国遍地开花。通过这一"刮骨疗毒"的改革，英国企业的效率与社会活力得到了极大增强，经济获得长足发展，到 20 世纪 80 年代，英国经济增长位居欧美国家前列。第二，控制货币供应量，抑制通货膨胀。撒切尔夫人政府曾制定过一个"中期金融战略"，其核心就是控制公共部门借款要求和货币增长速度，以把货币供应量的增长幅度控制在一定范围之内。第三，削减福利开支。为了进一步控制英国制造业劳动力成本，撒切尔以铁腕手段钳制行业工会的发展，英国先后制定了若干限制工会权利的立法措施，同时开放市场和降低税率以激发市场活力。

　　总体而言，撒切尔的改革可以说是立竿见影。尽管其身后的评价不一，但"铁娘子"在英国历史上最艰难的时期力挽狂澜，对保持英国大国地位起到了重要作用。

四、德式供给侧改革：科尔纲领

　　在科尔任德国总理期间，也提出过一个施政纲领，指出新政府的经济革新方向是：不要更多的国家干预，而要更多的市场经济；不要实行集体负担，而要让个人做出成绩；不要僵硬的结构，而要更多的灵活性，更多自身的主动性和加强竞争能力。其可归入到供给侧结构性改革内容，主要有以下几个方面：

　　（1）整顿财政，削减社会福利，压缩政府开支。

　　（2）实施减税。

（3）帮助企业控制劳动力、能耗等成本的增长。

（4）推进联邦资产的私有化。

（5）推进产业结构升级,对"收缩部门"和"停滞部门"进行"有秩序的适应",对有战略需求的部门进行"有目的的保存",对新兴产业进行"有远见的塑形"。

（6）货币政策与财政政策协调配合,保证币值稳定。

以上政策要点中,中国人特别关心产业政策方面的内容,解决好这个问题对供给侧改革至关重要。2016年中秋节前后,在经济学界发生了引人注目的大事,就是林毅夫和张维迎两位教授关于产业政策之争。围绕产业政策应该有还是不应该有,要获得一个好的效果政府应该做什么和不应该做什么,在两位中国顶级经济学家之间产生了激烈论争。这也从一个方面说明,中国产业政策对于推动经济发展的重要作用,既取得了巨大成就,又有巨大的负面作用。比如造船业,还有光伏、新能源汽车等,在政府的支持下,一方面这些产业起来了,另一方面也产生了使人触目惊心的问题,像官员的腐败问题、企业家不研究市场而主要研究政府的问题，负面效果很明显。所以当前中国的经济学家，包括政府对这个问题非常纠结。这是发展过程中付出的沉重代价，如何从一些国家的发展历程中获得成功经验，也是大家都很关心的问题。

五、启示与借鉴

供给侧结构性改革提出以后，很多方面都在问一个问题，中国搞的供给侧结构性改革和 20 世纪七八十年代的西方一些国家搞的供给管理有什么差别？

我们应当承认，市场经济就是市场经济，不管是在西方还是在东方，总有一些普适性的规律存在。时间节点上，一是西方主要工业国家在进入工业化后期时逐渐地转向了供给管理，这说明只要进入工业化后期，一定会有一个经济转型升级的问题，我国也不例外。二是在长期执行凯恩斯主义以后，西方主要工业国家先后进入了一个"滞胀期"，滞就是经济增长停滞，胀就是通货膨胀，两个矛盾的现象同时存在。从这两方面看，当前中国与之是有相似之处的。这是因为经济发展本身的规律性，不管是外国人搞市场经济，还是中国人搞市场经济，都是一样的。

但另一方面，中国供给侧结构性改革与西方的供给管理也有很大的不同。其中，最大的不同就是经济增长的模式，西方国家的经济形态主要是以市场导向为主，而我们则是以政府导向为主，很多方面还带有计划经济的痕迹，市场经济体制还没有完全地建立起来。所以，在这个意义上，供给侧结构性改革要做"减法"，要减税、要简政，政府要对市场和企业释放出更大的空间。但是与此同时，政府还得多做事，比如在市场监管、产品质量标准、法制、产权保护、市场环境的清理和营造等等方面，还都要做很多事情。所以，在供给侧结构性改革上，人家是做减法就可以了，我们则是加、减、乘、除都要做，这个问题就显得特别复杂。这是因为我国用 30 年走完了西方国家一二百年才走完的历程，所以我们的问题是"压缩饼干"，什么都有，这是我们的特殊之处。

第五章

供给侧结构性改革的
第一步：从低效过剩
领域释放要素

如前所述，供给侧结构性改革的核心是要素问题，由于种种原因，劳动力、土地、资本、科技创新、制度这五大要素，现在还远远没有焕发出本来应该有的潜力和活力。因此，推动供给侧结构性改革的第一步，就是从低效过剩领域释放要素。这当中要做的具体事情，就是 2015 年中央经济工作会议上所提出的供给侧结构性改革的五大任务，去产能、去库存、去杠杆、降成本、补短板，简称"三去一降一补"。

有必要说明的是，现在从中央到地方，各级各地所出台的供给侧结构性改革方案中，都是围绕着这五大任务在做。比如，很多地方的供给侧结构性改革方案的结构一般都是"1+5"结构，即上面有一个总方案，下面再有 5 个专题方案。但必须澄清一下，这五大任务的确很重要，但它不是供给侧结构性改革的全部，而只是第一步，目的是从低效过剩领域里面释放要素。之所以这么说，是因为这五大任务主要针对的都是前期刺激政策留下来的后遗症，还没有深入到结构性改革的领域。在去产能、去库存、去杠杆中，"去"就是清除、消除、拿掉的意思，换句话讲就是当下的经济结构当中存在着比较严重的产能过剩问题、比较多的房地产库存问题和比较高的杠杆率问题，而这些问题主要是过去刺激政策留下的后遗症，尽管在当时的背景下出台刺激政策有一定的合理性和必然性，但凡事"有一利必有一弊"，随着各方面情况的变化，这些问题就越来越突出了。相当于一个人正常情况下体重只有 100 多斤，但因生了重病要打激素，结果病可能暂时控制住了，但体重却长到了 300 多斤，所以治完病后就要着手"减肥"。这"三去"就相当于给经济体减肥，去掉多余的水分和脂肪，重新回到基本健康的状态，然后再进一步强身健体。还有一层意思，就是在过去的产业结构当中组合凝结了大量宝贵的要素，现在我国的产业结构、部门结构、经济结构要转型，必然意味着以前凝结在这些部门和行业的人、土地、资本等要素，要从这些效率不高甚至亏损的地方出来，流动到新的部门去。再说得清楚一点，完成这五大任务实质上就是一个市场出清的过程，优胜劣汰的过程，将要素从低效过剩的领域释放出来的过程。用新供给的术语讲，叫作清除供给冗余。

一、化解产能严重过剩

化解产能严重过剩是当前的重点工作。在经济学意义上，一般认为产能过剩的定义是产能综合利用率低于80%，70% 以下就是严重过剩了。这里需要说明以下几点。第一，市场经济本身就是过剩经济，表现为大多数的商品和服务领域都是买方市场，但是这种过剩是指产能利用率在 80% 左右，一般认为是正常的、可容忍的。如果到 80% 以下，就要引起重视了。如果产能利用率到 70% 以下，甚至像现在我国有些行业产能利用率下降到 65%，即相当于有 1/3 以上的产能闲置，这就是进入了产能严重过剩状态。第二，中国现在的工业部门中有 200 多个行业都是过剩的。从图 5-1 可以看出，工业部门的产能利用率普遍偏低。但在绝大多数工业部门都产能过剩的情况下，有色金属、煤炭、石油等情形更加严重，甚至整个重工业部门基本上都是严重过剩（见图 5-1）。与前面提到的我国产业转型紧密相关，重工业部门对过去 30 年当中我国经济起飞阶段提供了很多的基础设施，但现在到了工业化后期，已经不再需要这么多的基础设施了，所以这些部门的生产能力就显得过剩了。第三，目前政府关注的产能过剩主要集中在钢铁、煤炭、水泥、造船和电解铝 5 个行业。原因也很简单，因为这 5 个部门通常体量大、人员多，而且主要是国有企业，与各地方政府的经济增长、GDP、税收、就业等的关联度特别高，

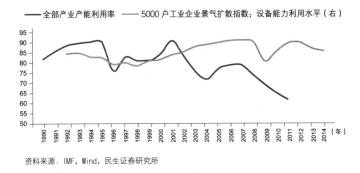

资料来源：IMF，Wind，民生证券研究所

图 5-1　近年我国工业部门产能利用率变化趋势图

靠自身难以完成结构调整。所以，产能过剩如果完全是市场性的、周期性的，本身就不会是太大的问题，市场力量能够调剂相当大一部分，但现在面对的是处于政府和市场之间的以国有企业为主的产能过剩。

为什么产能过剩需要如此关注？这主要是因为产能一旦过剩，产品就没有销路，这个时候只好打价格战，于是企业的利润率就会不断降低。企业利润率低了以后，企业发工资、当地的财政收入就会受到一系列的影响。以钢铁行业为例，前几年利润率就已经很低了，有人开玩笑说卖一吨钢铁只能赚一支冰棍钱，甚至一度连冰棍钱都没有了，利润为负。那么，为什么利润都为负了，还不关门，这就与企业所有制结构问题相关了。

在化解产能过剩的工作中，中央主要给出以下几方面的要求。一是制定全面配套的政策体系。二是为实施市场化破产程序创造条件，加快破产清算案件审理。三是落实财税支持、不良资产处置、失业人员再就业和生活保障以及专项奖补等政策。四是资本市场配合。五是要尽可能多地兼并重组、少破产清算。六是要严格控制增量，防止新的产能过剩。在这些安排中有一个大家比较关注的方面，叫作重点清理"僵尸企业"，还有一些说法很有意思，说化解僵尸企业要做到不能让僵尸企业"死而不僵"，或者"借尸还魂"。那么在具体的操作过程当中，首先就要把那些僵尸企业找出来。谁是僵尸企业呢？有关文件对僵尸企业给出了一些定性标准，大概是指那些产品销路不好、利润下降，主要靠地方财政补贴和银行贷款维持生存的企业。但这只是一个原则性的意见，靠银行贷款贷多少、资产负债率多高、地方补贴到什么程度算是僵尸企业，在具体的操作过程当中存在大量的争论，因为没有一个地方政府愿意承认本地的企业中有僵尸企业或者僵尸企业比较多，即使在东北这样传统工业比重大的地方，也不会认为自己有多少僵尸企业。所以有人要求，能不能给出一个定量的标准？但因为企业情况不一样、各地情况不一样，这个标准还真无法给出。实际上，作为债权人的银行，大概是知道谁是僵尸企业的，但这不代表银行就愿意清理了，因为僵尸企业和银行之间，往往也是"一荣俱荣，一损俱损"的关系，银行也会保护、掩护僵尸企业。财新智库做过一项研究，采用几种方法综合计算出僵尸企业的全国分布图，可以做一个参考。（表5-1）

从2013年开始，中央就大力推动化解产能过剩，但是直到2016年整体进展速度依然非常慢。中央三令五申，先后派了很多调查组下去，最后大多无功而返。从2016年开始，由于市场状况进一步恶化，中央再次下决心要治理产能过剩。在中国，一旦政府下决心要做什么事情，

表 5-1　2014 年中国（港、澳、台除外）僵尸企业的地域分布
（综合性方法Ⅲ）

地域分布	僵尸企业占比
福建、海南、湖南、青海、新疆、西藏	≥ 15.29%
黑龙江、辽宁、河北、陕西、安徽、四川	12.76%~15.29%
吉林、天津、山西、上海、河南、江西、广西	8.82%~12.76%
宁夏、甘肃、湖北、重庆、江苏、浙江	8.22%~8.82%
北京、内蒙古、山东、云南、贵州、广东	< 8.22%

那就意味着政府要动用行政手段了，这就是 2016 年以来各方面所看到的在化解产能过剩中比较多地使用行政方式。第一，明确"十三五"期间，钢铁、煤炭要减少的产能数，即钢铁要化解多少过剩产能，煤炭要化解多少吨等，并分解到每一年。第二，给各地下任务，每年的任务出来以后，中央与每个省签责任状，要求限期完成。第三，现在看，化解产能过剩已经起效了，比如有关方面报告说现在钢价有所回升，但是钢价一回升，以前被政府关闭的工厂又开始生产，这又形成了一个悖论。煤炭方面，据说煤炭价格 2016 年以来已经收住了过去 4 年

的跌幅，甚至有媒体报道说国家发改委专门召开了主要煤企的座谈会，要求它们保证供应，令人感叹真是沧海桑田一瞬间。

这就是中国化解产能过剩中特别复杂的方面，如果把这个事情交给市场去做，市场本身不能完全完成，尤其是国有企业这块，市场完成比较慢，效果比较差，情况会越来越严重。情况一旦严重，政府就不得不抛开市场，转向行政手段，而行政手段通常又快又猛，虽然见效快，但是后遗症很严重，这就是我们的难处。<u>总体而言，现在化解产能过剩还是难在 3 个问题上：人、地和未来的企业出路。</u>第一，化解产能过剩涉及数以百万计的职工下岗再就业问题。人社部有一个数据，说在钢铁和煤炭领域化解产能过剩涉及 180 万个职工下岗失业，而这意味着 180 万个家庭可能出现生活困难，可以想象这对地方政府维持社会稳定而言，是个多么巨大的压力。第二，巨大的不良债务问题。最近媒体报道了几个准备搞债转股的方案，其中涉及的债务数量真是天量，比如中钢集团就涉及 1900 亿元的债务，大得不可想象。

第三，产能过剩企业的出路问题。理论上讲，解决这个问题的办法是优胜劣汰，或兼并重组，或破产清算。但现在产能过剩的主要是国企，如果进行重组或者破产，马上就会引来比较剧烈的社会动荡，所以各级政府非常慎重。政府是希望企业和企业之间最好是互相兼并重组，但是也有一个谁兼并谁、是自愿兼并还是被政府"拉郎配"，这当中牵涉大量的具体操作问题。所以，化解产能过剩工作现在方方面面都指向国有企业改革，国企改革势在必行。

从历史角度看，产能过剩的问题不是现在就有的。早在 1998 年的时候，我国就出现过纺织业产能严重过剩的问题，当时遇到的问题和今天处置钢铁、煤炭产能过剩的问题，基本上如出一辙，这背后的问题就很值得深思。这些问题如果不解决，以后就可能还要出现新的产能过剩的问题。比如，现在各地都在大干快上搞新能源汽车，各地都在把机器人产业作为重点产业发展……如果不解决体制机制问题，很可能再过十几年，又要来处理这些今天看来是新兴产业的产能过剩！这一点非常值得警惕。总之，产能过剩后面有非常复杂的机制性和制度性问题，既涉及 GDP 考核，也涉及地方政府的财政体制，还涉及我国政府推动经济增长方式的利弊权衡，是非常深层次的问题。

关于债转股。针对上文提到的化解产能过剩过程中涉及的债务问题，有人提出可仿照 1998 年时的情形搞债转股，现在发改委已正式出台了相关文件。这个建议在刚提出来的时候，各方的疑虑很大，担心一些企业趁此机会把经营失败的责任和后果，转嫁给银行，进而带来金融稳定方面的隐患。后来有关方面进一步细化修正，明确这一轮债转股要坚持市场化和法制化方向，重在降杠杆而不是单纯处理不良债务。还规定了地方政府的六个"不得"，即"不得确定具体转股企业，不得强行要求银行开展债转股，不得指定转股债权，不得干预债转股定价和条件设定，不得妨碍转股股东行使股东权利，不得干预债转股企业日常经营"。对于财政责任，则明确了两个方面，一是"根据需要，采取适当的财政支持方式激励引导开展市场化债转股"，二是"做好职工合法权益保护等社会保障兜底"。即使如此，各方面最担心的问题，仍然是地方政府在债转股问题上的不当行政干预问题。

落实到具体操作上，现在看到的有3个例子，一个是中钢集团方案，一个是渤钢集团方案，还有一个是东北特钢方案。现在各方认可度高些的是中钢集团债转股方案，由其最大的债权方银行中国银行牵头组织了一个债务处置的委员会，跟国资委协商，跟有关部门协商，跟地方政府协商，最后形成了一套方案。在这套方案中，中钢集团1000多亿元债务当中有500亿元债务留置，剩下的债务分成两半，一半是转为可转债，还有一半慢慢转为股权。经过这种处理，现在中钢的负债水平下降了40%。渤钢集团方面，前一阵子公布过一个方案，是由天津国资委成立了一个债务处置委员会，通过设立基金的方式把它的债务转化为股权，但是由以前的债权银行用理财资金的形式去质押，利率很低，大概只有 3%。还有一个行政色彩很明显的例子就是东北特钢，前段时间出了一个方案，基本意思是辽宁省国资委主持讨论了一个方案，但由于对债权人的利益不够尊重，激起了债权人的强烈反对，现在进一步修改。这几个方案也说明，面对国企的债转股问题，完全按市场化的处置方式也很难，可能还是需要一些行政介入，在两者之间进行权衡。如果是市场化操作，由债权人企业自己去谈，时间会很长，财务方面的处理手续非常长。如果想快，就要用行政手段，但行政手段通常就是一刀切，就会有很多后遗症。所以这就是问题的两面，任何事物都有利有弊，如果选择了某一个方式，在享受它的好处的时候一定要接受它的缺点，这一点在推进债转股的过程中要始终牢记。如果坚持使用市场化和法制化的方式，有关方面就一定要有耐心等待市场慢慢博弈出一个方案。

二、去房地产库存

"五大重点任务"中的第二项是去房地产库存，通常涉及房地产会比较容易刺激各方的神经。2015年底，中央经济工作会议在提出去房地产库存的时候，全国的房地产库存状况相当严峻。住建部曾经公布过一个数据，就是全国的房地产库存加起来需要6～8年才能够去掉，特别是在一些三四线城市，房地产的库存很大，有些地方修的房子之密、之多，令人叹为观止。由于房地产与地方政府财政收入、当地的经济增长情况紧密相连，因此房地产发育太多、太快、太大，不仅在其中沉淀了大量资源，而且给地方财政、经济带来隐患。所以，去库存成为供给侧结构性改革的五大任务之一。

但是必须看到，我国房地产市场高度分化。落实到各省，情况差别很大，有的省房地产的库存面积特别大，有的省房地产的库存面积并不那么大；一线城市甚至包括一些二线城市库存也不很大，但三四线城市普遍库存很大，可谓"冰火两重天"。从世界房地产和经济发展史上来看，有一句话叫作"十次危机九次地产"，就是因为房地产行业周期比较长，一般来讲老百姓买房的时候很少有人一次性付款，都是通过银行贷款，换句话说积压在房地产当中的资金，相当一部分是银行资金。如果资金链条断裂，就可能形成局部危机甚至全面危机。2008年美国的次贷危机就是从房地产泡沫破灭开始的，由房地产危机演变成金融危机，再由金融危机演变成全球性的经济危机，到今天时间已经过去8年多，全球还没有从这个打击中恢复过来，中国经济当然也经不起这么大的动荡，这是去库存出台的背景。

怎么去房地产库存呢？当时有关方面开出了6剂药方，第一条是加快农民工市民化，扩大有效需求，打通供需通道；第二条是建立购租并举的住房制度；第三条是发展住房租赁市场；第四条是促进房地产产业兼并重组；第五条是提高产业集中度；第六条是取消过时的限制性措施。具体分析中国房地产的情况，一方面是大量的房子造出来以后卖不出去，另外一方面大概有 2.7 亿农民工从农村到城市以后，在城市里面居无定所。所以简单看上去，解决之道就是把房子卖给进城的农民工，但前提是他们要买得起才行，如果他们买不起，政府可以来想办法帮助他们能买得起，以此来扩大有效需求。所以去房地产库存刚刚开始的时候，第一招就是降低购房首付，从 30% 降低到 20%，后来各地继续在这个政策上加码，"降税""降费""给补贴"。这些政策，特别是降首付的政策出台以后起到了意想不到的效果，因为金融机构出台的货币政策很难在一个地区执行而另一个地区不执行，要放开基本上都要放开，这就出问题了。在购房首付从 30% 降到 20% 以后，农民工在三四线城市仍然不愿意买房，但在一线城市和二线城市，即使房贷首付下降，他们也还是买不起。那么谁买得起呢？当然就是城市里原来的居民，或者是刚需一族，或者是投资者，或者就是炒房的，总之可以通过放杠杆的方式来买房。这种情况越是在房价比较高的地方，越是在游资密集的地方，越是有能力在银行贷到款的群体当中就越明显，结果就形成这一轮房价的疯狂上涨。2016年春节以来，房价首先在上海、深圳、南京3个城市开始上涨，后来这3个城市分别出台了限购政策，游资就开始转移到这些城市的周边，比如说萧山、东莞、苏州等地，后来进一步向内地二线城市蔓延……直到国庆节后21个城市先后出台新的限购政策，房价这才停止疯狂上涨。为什么一个旨在降低房价的政策，到最后竟硬生生地变成了提高房价的推进剂了呢？而且现在多个城市又回到行政性限购的时代，这很不符合市场经济的逻辑。这一过程也十分令人深思。最近31个省会城市都出台了户籍改革政策，这说明去库存的解决之道还是要真正推动农民工市民化、推动人的城镇化，而不是简单表面的帮助买房。目前，作为一个过渡性的办法，政府强调要发展租购并举的制度，重点在三四线城市发展一些住房租赁公司，把建好的房子先买后租，通过租金的方式一点点回收，但效果到底怎么样，也还需要继续观察。

三、去杠杆

去杠杆的问题更复杂。如果其他几项重点任务在一个可预见的时间内会有一些进展的话，去杠杆这个事情就要有非常足够的耐心来对待它。因为去杠杆说白了就是降低资产负债率，降低资产负债率在宏观经济管理上就是收缩经济，收缩对于企业而言，就是从银行里贷不到钱了，甚至在有些情形下，银行还可能抽贷，这样做对企业的影响太大了，在当前经济下行的情况下也不可能这么做。现在能做的就是尽量控制，使杠杆率不要上升得太快。

国际上非常关注中国的杠杆率问题，从好几年前开始，一些观察家认为中国的负债率太高。2016 年 6 月，国新办开了两场记者招待会专门解释中国的杠杆率问题。据中国社科院国家金融实验室的研究成果，中国目前杠杆率大概是 250%。单纯从数据上看，已超过了美国在次贷危机之前的水平，也难怪世界看中国经济时特别紧张。因为中国现在是仅次于美国的世界第二大经济体，如果中国经济体出问题的话，其他国家也会连带受到影响。

从图 5-2 可以看出，中国近些年的债务水平的确一路走高。如果进一步比较政府、银行、家庭和非金融企业 4 个负债主体，可以发现政府的杠杆率不算太高，现在还可以；银行部门本来就是做钱的生意的，杠杆率稍高一点没关系，现在它也不是太高；家庭的杠杆率也在可控范围；负债水平最高的是非金融企业，基本上要占到全社会负债总额的 80%，而非金融企业杠杆率比较高又直接指向国有企业和一些重化工业部门（如表 5-2）。

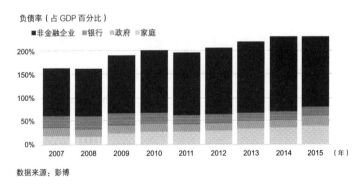

图 5-2　近年来我国债务率变动趋势图

表 5-2　近年来我国不同规模、所有制企业资产负债变化趋势

	总负债/总产值比率	贷款、债券占产值比率	总负债产出效益	贷款债券产出效益
大型企业	上升大	持平	下降	下降
中型企业	上升中	下降	上升	上升
小微企业	下降	上升	上升	上升
国有企业	上升大	上升	下降	下降
外资企业	上升小	下降	上升	上升
民营企业	上升中	下降	上升	上升

之所以这么高，原因之一是中国直接融资不发达，如果企业只能找银行去贷款，自然会推高间接融资的比重。

所以，无论是化解产能过剩，还是去库存、去杠杆，方方面面都指向国有企业，所以国有企业在这一轮改革当中确实是核心所在，不改不行。但去杠杆的过程是一个漫长的过程。综观世界各个国家，都是放杠杆容易、去杠杆极难，需要花费很长时间，不可能在三五年之间见效，一定要慢慢做。因为泡沫已经形成，稳妥之道是刺一个小孔，让压力慢慢释放。如果一下子刺破，造成

的后果将难以承受。

现在的重点是集中整治金融风险，守住不发生系统性金融风险的底线。为此，政府有必要通过释放局部风险的险招，来换取全局性的安全。所以2015年以来，金融领域内不断释放出一些"黑天鹅"事件，比如云南泛亚有色金融交易所、e租宝等等。在2016年7月之前，中央银行在讲这个问题的时候，都是说坚决守住不发生系统性和区域性风险的底线，7月以后出现了些变化，"区域性"3个字消失了，改成"守住不发生系统性金融风险的底线"，换句话说就是某些区域尤其是某些塌陷的区域，可能存在局部的金融风险。所以现在大家观察中国经济，需要有强健的神经，因为会不断释放出一些坏消息来。但是这个问题的另外一面是，坏消息释放完了就变成好消息了，这点要辩证地看。

所以，在去杠杆方面，主要有以下5条：一是有效化解地方政府债务风险，做好地方政府存量债务置换工作，完善全口径政府债务管理，改进地方政府债券发行办法。二是规范各类融资行为。三是专项整治金融风险。四是加强风险监测预警。五是坚决守住不发生系统性和区域性风险的底线。

四、降成本

在日常生活中，我们经常听到一些企业抱怨成本太高，从数据上看，证明这个感觉是对的。有人分析，2015年我国上市公司主营业务的成本率已经达到86%左右，换句话说它的成本这么高，利润就一定也好不到哪里去。在企业成本上升的同时，我国制造业的竞争力也在相对下降，而且速度较快，如图5-3所示。

可以看出，2004年的时候，以美国制造业为基数，取值100，2004年我国制造业的相对水平是86.5，与美国相比成本优势很明显，但是到2014年的时候，我国制造业成本上升到95.5，基本接近了美国的水平。这可以

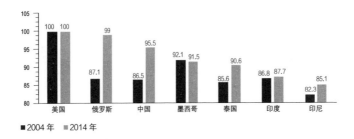

图 5-3　制造业成本指数（美国为 100）

解释为什么现在制造业要向我国周边国家和地区转移，就是因为成本上涨太快。在推进成本上涨的各种因素中，一方面是人工成本，但是另一方面除了人工成本还有其他成本也在上涨，如各类税、费、社保、财务成本、电力价格和物流成本等等，这些统称为"制度性成本"。

现在经济下行，政府希望稳住经济增长，希望企业能相对顺利地度过经济下行的寒冬。为此，政府积极采用各种办法为企业降成本。2016 年，降成本方面政府送出的最大礼包当然就是"营改增"，据有关方面估算，2016 年之前营改增的减税效果大概是 6000 亿元，2016 年从 5 月 1 日全面实施营改增后，预计减税 5500 亿元，前后加起来是 1.15 万亿。李克强总理、财政部、国税总局多次表示，在推进营改增的过程中，要保证所有的行业税负只减不增。

下一步，还要进一步清理收费。费的问题很复杂，也涉及现在降税怎么降的问题。近年来，我们国家现在的全部政府收入当中，只有一半左右是来自于税收，另外约一半是来自于税外的各种收费。这些收费类别很多，既包括行政事业性收费，也包括土地出让金、政府性基金，还有社保、住房公积金等等。如图 5-4 所示。

这些税外收费加起来占到政府收入的 48% 左右，但它们恰恰也是政府收入体系中不够规范的部分。所以说到减税，其实目前来看税收方面能减的也就是营改增，除此之外，减税的空间并不大。当前，税制改革的重点是"六税一法"，"六税"主要是指营改增、房地产税、资源税、环保税、消费税、个人所得税。根据研究，除了营改增有减税效果，其他税总体来讲都具有加税效

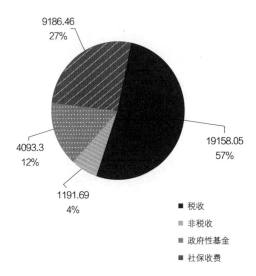

9186.46
27%

4093.3
12%

1191.69
4%

19158.05
57%

■ 税收
■ 非税收
■ 政府性基金
■ 社保收费

图 5-4　2015 年我国政府收入结构图

应。那么，如何在税负总水平不增加的情况下，达到为
社会减税的目的呢？这需要"一手做加法，一手做减法"，
一方面正规的、合法的税要收上来，另一方面不合理、
不规范的收费要降下去。以行政性收费为例，现在每一
级政府都有自己不同的收费项目，很多也很乱，千奇百
怪，对企业正常的生产经营活动干扰很大，企业不胜其
扰。但在深圳，几年前就推行了行政性零收费，取消了

所有的行政性收费项目，从某种意义上讲，深圳经济发展得好，也与政府行政性收费比较规范有关系。现在，广东已经把深圳经验推广，从 2016 年 8 月 1 日开始在全省范围内取消省级行政性收费，基本上可以达到行政性零收费的状态。可惜其他地方在这个问题上没有太大的进展，这也说明，未来税费的问题还要进一步清理、减免。

关于社保"五险一金"。根据清华大学白重恩教授的测算，中国 5 项社会保险法定缴费之和相当于工资水平的 40%，有的地区甚至达到 50%；我国的社保缴费率在全球 181 个国家中排名第一，约为**"金砖四国"**中其他三国平均水平的 2 倍，是**北欧五国**的 3 倍，是 **G7 集团**

> **金砖四国**：中国、俄罗斯、巴西和印度。
> **北欧五国**：丹麦、瑞典、挪威、芬兰和冰岛。
> **G7 集团**：加拿大、法国、德国、意大利、日本、英国和美国。

的 2.8 倍，是东亚邻国（指日本、韩国）的 4.6 倍。而这还没有加上住房公积金。对于这个问题，有关方面也有一些争论，有一段时间媒体报道很多地方养老保险出现了缺口，后来又有人说养老保险还是有结存的，而且结存还比较大，令大家很迷惑。究其原因，主要是因为社保统筹的层次很低，大多是省一级政府统筹，所以经济发达地区养老保险结存很大，而不发达地区结存就较少。解决办法就是社保要做全面的改革，由省级统筹逐渐转向全国统筹，现在的问题是一些富裕省份不愿意全国统筹，因为这相当于要用这些省的结存来支援其他有缺口的兄弟省份，矛盾自然会比较大。这也说明，现在的很多问题是改革开放已接近 40 年，而相关制度建设滞后，有些在当时救急性的制度变成了长期制度，结果时间越长问题越多。2016 年"两会"以后，社保减负方面走出了实质性的一步，李克强总理要求，养老保险费率如果高于 20% 的要回到 20%，如果已经是 20%，要阶段性地降低到 19%。此后，陆陆续续有很多省份出台了降社保的政策，做得比较好的是上海，率先将单位缴费从 20%降到 19%，其他地方主要是在失业、生育、工伤方面稍微调了一点。2016 年 5 月之后，为企业降成本成为一个主流话题，很多省份出台了各种各样的政策，进一步降低费率，现在各方面认为还有可降的余地。有专家就提出，养老保险费率可以考虑降到 13%，不过这样的话影响就非常大。现在，在降社保方面形成的减负效应大约 1000 多亿元，对于社保这个系统来讲，这不是小数，但是对社会而言，这 1000 多亿元落到几千万的市场主体上，可能感觉并不是太明显。还有住房公积金，现在住建部要求各地的住房公积金的缴费率一律要回到 12%，这也可以给企业减少一些负担。

降成本方面还涉及企业的财务成本，主要是再次融资成本的问题。比如，现在银行已降低了 POS 机的刷卡费，这对广大的小微商户来讲是有好处的，可以少交一点过路费，另外还取消了银行的一些收费项目。电力价格方面力度也很大，对于制造业大省而言，电价是企业生产成本中非常突出的一块，而电价之所以这么贵又跟我们的电网体制有关系，所以在河南、陕西、山西等省份开展了一项改革，叫作自备电、直购电，就是发电企业和用电企业之间可以商谈，不再通过电网直接把电输送到用户端，这样做可以大幅度降低成本，但是要经过电网部门特殊审批才行。还有物流成本，就是运输成本，主要集中在高速公路的收费整治上。回头去看，降成本背后的问题很大比例都跟政府管理制度相关，与一些部门借政府公权搭车收费有关，现在一些政府也在努力改进，但由于沉疴已久，改起来很难，进程也比较慢。

五、补短板

"补短板"是中央经济工作会议明确的 2016 年供给侧结构性改革的五大任务之一。所谓"短板"，就是当前经济和社会发展中的突出问题和主要矛盾，"补短板"就是要解决这些突出问题与矛盾。

在 2015 年的中央经济工作会议上，明确"短板"主要有以下几个方面：一是区域差距，二是城乡差距，三是基本公共服务不足，四是 7000 万人的脱贫。结合到 2020 年全面建成小康社会的要求，当前的重点工作是脱贫。习近平总书记在《中共中央关于制定国民经济和社会发展第十三个五年规划的建议》的说明中指出，按我国现行脱贫标准，2014 年末全国还有 7017 万农村贫困人口。因此，"十三五"规划建议（即《中共中央关于制定国民经济和社会发展第十三个五年规划的建议》）中明确指出，要实施精准扶贫、精准脱贫，因人因地施策，提高扶贫实效。分类扶持贫困家庭，对有劳动能力的支持发展特色产业和转移就业，对"一方水土养不起一方人"的实施扶贫搬迁，对生态特别重要和脆弱的实行生态保护扶贫，对丧失劳动能力的实施兜底性保障政策，对因病致贫的提供医疗救助保障。实行低保政策和扶贫政策衔接，对贫困人口应保尽保。为了推动这方面的工作，中央跟各个省市签订责任状，落实到人头来解决问题，力度很大。在中国特色社会主义体制下，如果集中力量去解决某一方面的问题，还是可以实现的。现在各地这个工作抓得很紧，总体而言进展是不错的。

在补齐城乡基础设施短板方面，要做的工作主要有以下几个方面：第一，城际铁路、地铁、地下管线，以及新一代互联网、教育、医疗、文化设施等新一代公共基础设施建设，智慧城市、海绵城市等一系列的重大项目的有序推进，都是基础设施短板项目建设的重点。第二，让基础设施投资更有效、更精准，投入机制和运营机制要市场化、可持续，形成良性循环。第三，持续改善贫困地区交通等基础设施，大力推进公共服务均等化。

另外，目前正在推动推进公立医院改革，建设健康中国。解决这个问题非常困难，需要做很多工作，比如实行医疗、医保、医药"三医"联动，医药分开、分级诊疗，要完善基层医疗服务，促进医疗资源向基层、农村流动，要鼓励社会力量兴办医疗机构，推进非营利性民营医院和公立医院同等待遇，另外还要加强医疗质量监管，完善纠纷调解机制，构建和谐医患关系……是一篇很大的文章。

简要总结一下。按照中央的要求，以上这五大任务是整个"十三五"期间的重点任务。但也必须看到，完成这五大任务需要一个很长的时间。因为"病来如山倒，病去如抽丝"，结构性改革本身就是一个慢过程、慢变量，需要统筹兼顾，全盘谋划。

第六章

供给侧结构性改革的
第二步：以结构性改革
来促进要素的自由流动

从 1978 年到 2008 年的 30 年间，中国经济之所以得到这么快的发展，主要受益于改革。如果未来中国经济还想保持良好的增长态势，综合各方面的情况看，深化改革是唯一的出路。改革是供给侧结构性改革的本质属性，供给侧结构性改革的核心就是"结构性改革"，改革的主要方向是要素市场化。

一、立即调整劳动力与人口政策

针对劳动力市场存在的问题，要出台一些重要的改革政策。这些重要的改革政策可以分成短期和长期两个角度。

先说短期。首先，针对最近这几年企业人工成本上涨比较快的问题，应当适时调整我国最低工资制度。这是个非常难以明确表述的问题，2015年财政部部长楼继伟在清华大学做过一个演讲，其中就提到了要增强劳动力市场的灵活性问题，结果在媒体上掀起了轩然大波。很多人不同意他的观点，因为这可能在政治上不讨好，显得跟普通老百姓过不去似的。但是这个问题要从经济发展的规律来看，劳动力成本或者说工资要能相对灵活地反映劳动力市场的供求状况。这是一个两难的问题，如果要想经济能够增长，企业就要能够开工生产；要有利润，工资就不能只升不降。但是从劳工保护的角度看，工资自然是越高越好。这当中就有个权衡问题，既要保护劳工，守住社会底线，又要企业有生产经营积极性。对于政府来讲，这是一个比较难处理的问题。对策就是根据情况的变化不断调整，哪些方面的问题严重一些就调整哪方面。总之，调整最低工资制度主要是要更灵活地反映劳动力市场的供求状况。其次，近期政策调整还要做的一个重要方面是改革户籍制度。现在，我国劳动力市场总体表现为劳动力总量减少，那么已有的劳动力一定要用好用足。从某种意义上讲，这主要是指2.7亿进城务工的农村转移人口，要通过改革户籍制度让他们在城市里面能够落户成功，成为当地生产力和消费力的一部分。未来一个时期，各地、各个城市之间不仅仅是要竞争人才，而且还要争人口。现在我们已建了这么多城市，需要保有一定的人口量，而选择在哪个地方居住，就意味着其生产能力、消费能力就落在了哪个地方：现在距离这一步，还有很多制度障碍，需要全面改革户籍制度。据说，前不久我国有31个省、自治区、直辖市基本上都出台了本地的户籍改革制度，就是朝向这个方向走出的重要一步。当然现在核心问题不在于三、四线城市，甚至不在于二线城市，主要是在一线城市，而一线城市的问题是对应的公共服务的问题。显然，现在正在朝正确的方向走。

再长期一点来看，第一，调整计划生育政策，从原来的人口控制转化为人口促进。十八届五中全会已确定全面放开二孩政策，就是希望新生婴儿能够多一点，保持正常的人口替代率。但现在这方面的情况不容乐观，因为居民生育意愿降低，所以根据情况变化，未来很可能还会从放开二孩、放开二胎到放开三胎，甚至有人说以后要鼓励生育，等等，这也不是完全不可能。第二，出台延迟退休政策。现在的退休年龄女同志55岁，男同志60岁，延迟退休就是要往后延5年，人社部据说已经出台了相关方案，柔性处理，以每1.5年作为一个阶段，渐进式延迟，可以自愿选择。这个政策的目标仍然是要阻止劳动力下降速度过快，给转型升级留足时间。第三，同步推进教育、科技、医疗等方面的改革，全面提升人口素质。简言之，就是要从人口控制转向人力资本，调整国家人口战略。这个问题实在太重要了，短期影响经济，长期决定国家命运，必须进行深层次的改变。

二、审慎推动土地制度改革

目前，土地制度的改革主要还是集中在农村土地上面。十八届三中全会对土地制度改革给出了3条基本原则，即保持土地的公有性质不变，保持18亿亩的耕地红线不变，保证农民利益不受损。农村土地的基本情况是"三块地"，各自分割，也各自有很多问题。第一，关于承包地，现在的核心问题是要对农民的承包地通过确权颁证，然后才可以实现贷款抵押、价值发现，将土地变为可流动的资本。这方面的改革始发于成都、重庆，后来在全国推开，但各省进展的情况不一，有些地方进展快一点，有些地方确权还没有做完。第二，关于集体经营建设用地改革，总的原则是与城市建设用地同价、同权。这方面问题很多，比如小产权房的问题，很难办，积累矛盾很多。第三，关于宅基地制度改革。当农民离开了农村到城市安家落户以后，他在农村的宅基地怎么办？大家都知道，中国人多多少少都有一些乡村情结，希望自己退休以后能够在乡下买个小院子，种点菜，养些鸡鸭，但现在的制度是不支持这个想法的。因为按现在的规定，宅基地只能在本级村集体组织成员当中流转，换句话说张三家的宅基地只能转让给村里另外一家，而一个村里，大家可能都穷得叮当响，经济条件都差不多，这种情况下宅基地又怎么能够发现创造价值呢？

因此，土地制度改革背后的实质是打破城乡之间的要素流动阻隔。不仅是农村里的要素，如土地可以转到城市里来使用；另一方面，就是城市里面的要素也要创造条件让它能够下乡。改革开放以来，农村的各种要素是可以向城市流动的，比如土地、劳动力都在向城市里面流动，但城市里面的人、城市里面的资本要下乡的时候，遇到的制度屏障非常多，而城市里面已富裕起来的人，完全有钱、有资源、有能力进入农村，发展农业，改造农村。我们完全应该开辟出这样的通道，让城市里面的人力资源、工商资本能有序下乡，实现城乡要素之间的互相流动，而不能只是农村向城市的单方面流动。

这主要是因为过去对农村有一种看法，就是相对于城市而言，农村是弱势的，农民是弱势的，如果城市的人、城市的工商资本"下乡"的话，可能会造成强势资本对于农村的毁灭性打击，农村在一夜之间消失，农民无家可归甚至成为流民，形成社会不稳定因素。所以长期以来，我国农村政策的基本取向就是希望修一道屏障把农村保护起来。在过去，这种看法也许有些道理，但是最近这两年农村和城市之间的差距越来越大，城乡问题越来越突出。实际上大家可以想象一下，农村尤其是近城农村，要想真正获得发展，必须要融入当地的市场化、工业化和城镇化进程当中，如果隔绝在这个进程之外，农村就不可能得到发展。现在，政策层面也在做一些变化，但是这些变化是渐变的，进度非常慢。2016 年 11 月 1 日，国家发布了一个关于农村土地改革的重磅政策，即提出了农村土地所有权、经营权和承包权"三权分离"的新思想，有人将其效果视同为第二次实施联产承包责任制，是土地改革方面的重大突破。

再谈谈大家非常关心的70年土地使用权问题，这个问题也与土地制度密切相关，与房地产税密切相连。为什么明明知道开征房产税能增加投资性住房的保有成本，进而有利于抑制房价，但前前后后说了有10年却很难执行。其中一个说法是，大家不能承受既交了土地出让金又要交房产税，很多人对此不能接受，但这个事情在学术上是完全说得清楚的。另外一个问题是，土地70年的使用期到期了以后怎么办？在温州已经出现这样的事情，听说后来的解决办法是房主补交了一些钱。这引起了很多人的焦虑，都在想如果我的房子到期了以后，我还要补交多少钱？现在房价这么高，而且还在涨，以后到底要交多少钱？交不交得起？非常刺激民众神经。对此，学术界有各种各样的观点，其中之一就是到期以后免费续租，并将土地使用权延长到999年。这样做，既可以保持我国土地国有的基本性质不变，又解除了所有人的焦虑，而且在我国自己的历史和世界其他国家的历史中，都是有先例的。不过兹事体大，现在没有一个部门敢出来就土地问题表态，所以就搁置在这个地方，但最终总要有一个解决办法。

十八届三中全会
《中共中央关于全面深化改革若干重大问题的决定》

建立城乡统一的建设用地市场。在符合规划和用途管制前提下，允许农村集体经营性建设用地出让、租赁、入股，实行与国有土地同等入市、同权同价。缩小征地范围，规范征地程序，完善对被征地农民合理、规范、多元保障机制。扩大国有土地有偿使用范围，减少非公益性用地划拨。建立兼顾国家、集体、个人的土地增值收益分配机制，合理提高个人收益。完善土地租赁、转让、抵押二级市场。

三、深入推动金融改革

有人估计，根据当下中国经济社会的发展情况，金融体系除了现在的上百家大银行、股份制银行以外，还需要

3000 家中小银行、若干的专业性银行来满足各方面在金融方面的需求。为了实现这个目标，第一，要做的就是放宽市场准入，放入一些民资银行和外资银行，以打破金融垄断。在十八届三中全会《中共中央关于全面深化改革若干重大问题的决定》中关于金融改革的部分中提到，要允许民资办银行、允许外资办银行。当时社会对此反应非常热烈，各省纷纷提出要办多少家民资营银行，民资积极性很高。但在执行过程当中，进展很慢，据说从 2013 年到现在，银监会批出来的银行执照民资银只有几家，距离3000 家差得太远，进展太慢。

第二，是推进利率市场化。早期讨论利率市场化的时候，大家常说关键是存款的利率市场化，因为贷款的利率市场化程度比较高。现在看来，存款利率的市场化也基本上解决了，标志性事件是 2015 年出台的存款保险制度。利率方面现在的主要问题是由于经济下行，利率也一直下滑，有接近负利率的风险，这对银行影响很大。

第三，要加快构建多层次的资本市场体系。这主要针对的是资本市场这块。根据国际经验，金融比较发达的国家，其资本市场通常中正的金字塔形结构，最上面是主板市场，第二层是中小板，第三层是创业板，再到下面是各类产权交易市场，形成一个金字塔形结构。特别是场所外交易这一块，很活跃也很重要，因为即使没有上市的企业，也涉及关停并转，涉及企业之间的股权转让，就要有一些地方性的产权交易所，而且要随时随地都有。以美国为例，其资本市场就是一个大金字塔形结构，居于塔尖的是纽约交易所，共有 2222 家上市公司，纳斯达克有 2576 家，OTCBB（即美国场外柜台交易系统，具有典型的第三层次市场的特征）有 830 家，但在粉单市场上有超过 1 万家的公司，在 Portal（即波特尔市场，提供发行一年以上非公开发行之私募股票交易的市场）市场上有大约 6 万家公司，另外灰色市场还有大约 6 万家……能满足处于不同生命周期的不同企业的不同金融需求。但我国的资本市场正好是倒过来的，最大的是主板市场，越往下越小，呈一个倒金字塔形（如图 6-1）。

中国资本市场的结构：倒金字塔形

主板：2659家
中小板：740家
创业板：421家
新三板中小企业股转系统：2091家
中国股份制公司约10万家

资料来源：上交所、深交所、新三板，截止到2015年3月

图6-1 中国资本市场结构图

资本市场这个结构很难适应经济需要，因为我国仅股份制企业就有约10万家。人们很早就认识到这个问题，在不同时期提出过一些改革方案，主要就是股票发行由审核制变成注册制问题。十八届三中全会对此有过要求，各方面也在积极准备，但这个事现在好像停下来了，因为中国的股票市场在经过2015年股灾的刺激以后，现在已经极度脆弱，任何一点风吹草动，都会令市场过度反应。2016年10月证监会出台一个文件，说要积极支持贫困地区公司上市，引来复旦大学谢百三教授的痛斥，说证监会不干正事，放着注册制不搞，跑去扶贫，是不务正业。所以说现在资本市场确实非常脆弱，证监会关于

注册制的任何一个表态都可能使这个市场过度反应，这也使一些本来应当推进的改革很难深入。

第四，改进我国金融监管体制。其核心是，金融监管要从以前的分业监管走向混合监管，以前是银行、证券、保险分业经营，分别由银监会、保监会、证监会各自监管，"铁路警察，各管一段"，现在则提出实施宏观审慎统一监管。媒体上经常传出消息，但到现在为止还没有定论。金融监管体制改革实际上是对金融经营活动急剧变化的某种回应。从现在的情况看，我国的金融部门从分业到混业的趋势已经形成。比如银行方面，前不久出台了一个规定，银行不仅可以从事贷款业务，在符合一定条件的前提下，可以做投资业务，即"投贷联动"。换句话说，银行既可以是一个债权人，也可以变成一个股东，政府在宏观政策层面上已经许可，当然还要符合相关的管理规定。这个对企业的生产经营行为会有影响，值得高度注意。保险方面，以前保险部门只能做保险业务，现在保险资金可以投资、可以炒股，可以做很多事情，当然有些方面来得比较快，政府有些猝不及防，比如前一阶段各方面十分关注的"宝万之争"，从政策层面上看，宝能似乎并没有太大的违规问题，但在操作上的确需要再做得精细一点。

现在谈到改革的时候，有关方面、有关专家一直强调要抓好重大关键改革。哪些是重大关键改革？可以比较明确地排个序：第一重大关键改革是国企改革，第二重大关键改革就是金融改革，第三重大关键改革主要是财政体制改革……所以，金融改革在未来仍然会是一个全民关注的焦点，因为金融是市场经济的核心，而资金在市场中具有牵一发而动全身的效果。

四、实施创新驱动战略

在《国家创新驱动发展战略纲要》中，已制定了我国创新发展战略的"三步走"目标。第一步，到2020年进入创新型国家行列，基本建成中国特色的国家创新体系，有力支撑全面建成小康社会目标的实现。第二步，到 2030 年跻身创新型国家前列，发展驱动力实现根本转换，经济社会发展水平和国际竞争力大幅提升，为建成经济强国和共同富裕社会奠定坚实基础。第三步，到 2050 年建成世界科技创新强国，成为世界主要科学中心和创新高地，为我国建成富强、民主、文明、和谐的社会主义现代化国家，实现中华民族伟大复兴的中国梦提供强大支撑。为此，需要加快政府职能从研发管理向创新服务转变，主要体现在以下几个方面：

（1）按照"放、管、服、落"的改革要求，在"抓战略、抓规划、抓政策、抓服务"上下功夫，在"管方向、管政策、管引导、管评价"上见实效。

（2）将政府工作重心转到战略规划、政策标准制定、评价评估、体制改革、法治保障等方面，做好营造环境、引导方向、提供服务等工作，抓好基础性、公共性工作。

（3）建立国家科技创新决策咨询机制，定期向党中央、国务院报告国际科技创新动向。建立创新政策协调审查、政策落实情况调查和评价机制。

同时，要重点做好以下6个方面的工作，一是构筑国家先发优势，二是提升原始创新能力，三是拓展创新发展空间，四是推动"双创"有效服务实体经济，五是构建激励创新的体制机制，六是加强科学普及和创新文化建设。

五、深化"简政放权、放管结合、优化服务"

这一方面的主要抓手还是要继续深化行政审批制度改革，主要归纳为 12 个字：简政放权、放管结合、优化服务。我们一再说明，供给侧结构性改革的实质是重新平衡政府和市场的关系，在国家当前的实际情况下，主要表现为政府放松管制，要给市场、给企业比较大的活动空间，其具体表现就是要落实到行政审批制度改革上面。

2013 年以来，党中央、国务院着力推进简政放权、放管结合、优化服务，深化监管体制改革。本届政府成立之初，国务院部门各类审批达 1700 多项，相关审批过程手续繁、收费高、周期长、效率低，严重抑制市场活力、制约经济社会发展。3 年多来，经过各方面的共同努力，共取消和下放行政审批事项 618 项，提前超额完成本届政府向社会承诺的"减少行政审批事项三分之一以上"的目标。非行政许可审批彻底终结。连续两次修订了政府核准的投资项目目录，中央层面核准的项目数量累计减少约76%，95%以上的外商投资项目、98%以上的境外投资项目改为网上备案管理。大力实施**商事制度改革**并取得明显成效，工商登记由"先证后照"改为"先照后证"，前置审批精简85%，注册资本由实缴改为认缴，全面实施"三证合一、一照一码"。个人和企业资质资格认定事项压减44%。加大了减税和普遍性降费力度，先后出台了一系

商事制度改革：我国的商事登记制度脱胎于计划经济体制，带有浓厚的计划经济色彩，阻碍了市场经济的顺畅运行。2013年11月，中国共产党第十八届中央委员会第三次全体会议决定对商事登记制度进行改革，由注册资本实缴登记制改为注册资本认缴登记制，从以往的"重审批轻监管"转变为"轻审批重监管"。

列税收优惠政策，不断扩大营改增试点范围，砍掉了大部分行政审批中介服务事项，取消、停征、减免一大批行政事业性收费和政府性基金，据测算每年可减轻企业负担 1500 多亿元。中央政府定价项目减少 80%，中央对地方财政专项转移支付项目减少一半以上。在放权的同时，创新和加强事中与事后监管，针对群众的期盼点优化公共服务，各地在承接上级下放权限的同时，积极推进本层级的"放管服"改革，多数省份行政审批事项减少 50% 左右，有的达到 70%。这一系列改革极大地激发了市场活力和社会创造力，推动了新经济的成长。2015年以来，全国平均每天新增市场主体 4 万户，其中新登记企业平均每天新增 1.2 万户，城镇新增就业连续 3 年超过 1300 万人。

这方面仍存在不少问题，结合当前企业的实际情况，应从以下几个方面着手，切实为企业松绑、减负。一是进一步简政放权，降低门槛、减少企业的准入控制，同时改革监管方式，优化服务，推动全国统一的行政审批标准化改革、建立覆盖所有法人、自然人的全国性信息信用系统，执行统一的市场监管规则，以最大限度地减少社会交易成本，为企业创造良好的经营环境。二是适度降低我国的社保缴费率，同时加快推进、实施社会保障全国统筹，释放制度红利。我国现行各类社保缴费高达40%，居世界前列，明显偏高。特别是在当前工资水平显著上升的背景下，已成为企业不可承受之重，应当适度降低，以此形成的社保资金缺口，要转向尽快建立全国统筹的社保体系、调入国资经营收益等方式。三是进一步推进清理收费改革。要通过继续推进行政审批制度改革，消除各类收费滋生的制度性根源，通过深化财税改革，彻底切断行政审批与收费之间的利益机制。要分类重建收费管理的体制机制，"准税收"性质的收费、基金尽快调入一般公共预算，"使用者付费"性质的收费、基金应加强成本核算与信息公开，行业协会、中介组织所提供的服务收费应打破垄断、增强竞争等等。

除了以上围绕五大要素所进行的改革，还有一些配套改革，包括价格改革、财税体制改革、国有企业改革、社保体制改革等等。这些改革也都十分重要，需要加快推进。总之，就是要以结构性改革，来促进要素真正实现以效率为导向的自由流动。

十八届三中全会
《中共中央关于全面深化改革若干重大问题的决定》

全面正确履行政府职能。进一步简政放权，深化行政审批制度改革，最大限度地减少中央政府对微观事务的管理，市场机制能有效调节的经济活动，一律取消审批，对保留的行政审批事项要规范管理、提高效率；直接面向基层、量大面广、由地方管理更方便有效的经济社会事项，一律下放地方和基层管理。

政府要加强发展战略、规划、政策、标准等的制定和实施，加强市场活动监管，加强各类公共服务提供。加强中央政府宏观调控职责和能力，加强地方政府公共服务、市场监管、社会管理、环境保护等职责。推广政府购买服务，凡属事务性管理服务，原则上都要引入竞争机制，通过合同、委托等方式向社会购买。

第七章

供给侧结构性改革的
第三步：大力发展新
经济，优化要素配置

○ · ·

从要素运动的规律上讲，供给侧结构性改革最终要落在新的、效率更高的产业形态上。综观世界科技进步的大势，互联网经济，即通常所说的新经济将成为要素优化配置的新领域。

目前我国正站在第三次工业革命的门槛上。学术界对工业革命的划分主要依据两个因素，一是能源系统，二是通信技术（如表7-1）。由此，第一次工业革命的标志性成果是蒸汽机的发明，其伟大成就是极大地解放了人的体力，据说当时为了印证蒸汽机车的效能，人们做了一个实验，用马和它来比赛，看谁能跑得过谁，结果当然是机器跑过了马。第二次工业革命的标志性成果是电的发明和应用。到今天电成为我们生产、生活中司空

表7-1　三次工业革命

工业革命	能源系统	通信技术
第一次工业革命	煤炭－蒸汽机	印刷术
第二次工业革命	石油－内燃机	电信技术
第三次工业革命	可再生能源	互联网技术

见惯而又须臾不可缺少的东西。从那个时候开始到现在，在100多年的时间里，人类的生产、生活又发生了翻天覆地的变化。现在，第三次工业革命正在来临，标志就是互联网技术的广泛应用，人类社会即将迈入一个崭新的时代。

第一次工业革命和第二次工业革命发生的时候，中国要么还处于封建社会，要么是被列强欺负，整个国家积贫积弱。面对第三次工业革命，中国与发达国家一样，几乎站在同一条起跑线上，这是今天的中国与第一次工业革命、第二次工业革命完全不同的历史境遇。所以中国领导人经常讲，我们错过了第一次、第二次工业革命，绝对不能错过第三次工业革命。

一、什么是新经济？

据考证，"新经济"一词最早出现于美国 1996 年《商业周刊》的一组文章中，用于描述信息技术革命所引发的新产业和新发展模式。但具体到不同时期、不同国家，新经济的内涵有所不同。当下我国所称的新经济，也有广义与狭义之分。狭义的新经济是指在经济全球化背景下，信息技术（IT）革命以及由信息技术革命带动的以高新科技产业为龙头的经济，如电子商务、互联网金融、云计算、大数据应用、分享经济等，与互联网经济的含义基本相同。广义的新经济，则是相对于改革开放 30 多年来我国以要素、资金投入为主的传统经济增长方式而言，即未来有着光明、广阔发展前景的各类经济。北京大学国家发展研究院与财新智库、数联铭品合作制定的财智 BBD 新经济指数对新经济下过一个定义，这一意义上的新经济具有三个特征：高人力资本投入、高科技投入、轻资产，共有九大行业：节能与环保、新一代信息技术与信息服务、新材料、新能源汽车、新能源、高科技服务与研发、生物医药、金融服务与法律服务、高端装备制造业等；以此而言，当下我国新经济占整个经济比重已达到30%以上（如图7-1）。

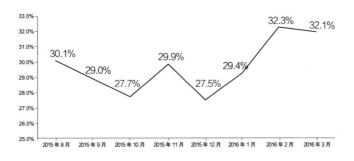

图 7-1　中国新经济指数

　　政府方面，对于新经济的定义也主要是基于互联网的新经济，但根据我国的实际情况适度扩大了外延，即主要包括两个方面，一是以互联网为基础设施所产生出的新产业、新业态和新商业模式，二是传统产业在"触网"后所打开的新空间、新领域，即涉及一、二、三产业，不仅仅是指三产中的"互联网＋"、物联网、云计算、电子商务等新兴产业和业态，也包括工业制造当中的智能制造、大规模的定制化生产等，还涉及一产当中有利于推进适度规模经营的家庭农场、股份合作制，农村一、二、三产融合发展，等等。

一般认为，新经济的第一轮浪潮主要是由 IT 所引发的经济革命，策源地主要在美国。当前，新经济的第二轮浪潮正在来临，它是由 DT 所推动且中国正在成为举世瞩目的中心。虽然互联网在中国的历史不过 20 多年，但却前所未有地进入并影响着人们的生活、社会交往和经济发展。与此相适应，互联网经济从无到有、从小到大，不仅呈现出勃勃的生机，而且揭示出未来巨大而广阔的发展空间。根据中国信息经济学会信息社会研究所所长

知识链接

DT：Data Technology，即数据技术，与 IT（Information Technology）相对应，由马云在世界互联网大会中演讲时正式提出。

王俊秀的总结，当下在中国以互联网经济为代表的新经济具有以下几个特征：

（1）新要素，即信息（数据）成为新的生产要素。在人类社会的相当长时期，能作为生产要素的主要是劳动力、土地和资金，俗称"人、地、钱"。进入工业社会以后，科技创新与制度变革相继成为新的生产要素。自互联网兴起以来，信息本身正在成为一个独立的生产要素，谁拥有更多的信息，谁就拥有更多机会与财富。这一点正在对传统的经济学理论和产业发展产生前所未有的影响。

（2）新基础设施，即互联网成为新的基础设施。经过20多年的发展，互联网已经从最初的"工具"提升为"渠道"，现在，正在演化为社会性的基础设施。并正在形成"云、网、端"的立体形态。一个遍及所有人、物、场景、设施，从人与人的互联到物与物相连，再到"一切连接一切"的万联状态，理论逻辑上已没有任何问题。如同铁路、公路、电力等传统基础设施一样，互联网正在成为基于信息这一新要素所必不可少的基础设施。历史地看，人类经济社会发展的每一次大的跃升，都与同时代基础设施的更新有着密切的关联，如铁路的兴起带动了第一次工业革命的发展，电力基础设施的建成带来第二次工业革命的进步，而每一轮基础设施在全社会的安装到位，一般需要并持续 20～30 年的时间，此后就会迎来技术、商业、社会三者协调一致、充满希望的黄金年代。当前，全世界正处于互联网这一全新信息基础设施的"安装期"。

（3）新主导权，即商业活动的主导权从生产商、流通商向消费者转化。在整个工业时代，生产者和消费者之间"信息不对称"是常态，相对于组织严密、规模巨大、行动力强的生产者而言，消费者往往分散、独立、缺乏行动能力，前者强而后者弱。但在互联网时代，随着各类终端的普及，消费者开始变得见多识广，其信息能力的提升速度，甚至远远超过了企业。传统的信息不对称正在发生逆转，这无论是对于企业还是对于政府，都有着非比寻常的意义。

新的基础设施、新要素、新主导权正在塑造新经济、形成新规则。最近马云在一次讲话中提到"五新",即新零售、新制造、新金融、新技术和新资源。**凯文·凯利**总结的十大新经济运行规则是:拥抱集群;回报递增;普及,而非稀有;追随免费之道;优先发展网络;不要在巅峰逗留;从地点到空间;和谐不再,乱流涌现;关系技术;机遇优于效率。也有人将其更通俗地解释为:蜂群比狮子重要;级数比加法重要;普及比稀有重要;免费比利润重要;网络比公司重要;造山比登山重要;空间比场所重要;流动比平衡重要;关系比产能重要;机会比效率重要。对此,一些已经验证,另一些即

知识链接

凯文·凯利: Kevin Kelly, 1952 年,《连线》(*Wired*) 杂志创始主编,被看作是"网络文化"的发言人和观察者,著有《失控》《必然》等影响巨大的作品。

使还未验证，也正在成为人们在互联网世界的行动指南。当下中国互联网经济的蓬勃发展，确实将一种以前我们全然陌生的世界带到了眼前，所以 IT 界有言："未来已来""未来已经存在，只是尚未流行"。

二、近年来我国新经济的发展情况

互联网技术产生于美国，却在中国获得了更大更好的应用。当前，中国已经成为当之无愧的互联网第一大国。根据《中国互联网络发展状况统计报告（2015）》，截至 2015 年 12 月，中国网民规模达 6.88 亿，比整个欧盟的人口数量还要多，互联网普及率为 50.3%；手机网民规模达 6.2 亿，无线网络覆盖明显提升，网民 WiFi 使用率达到 91.8%。如图 7-2 所示。

与之相适应，我国的互联网经济举世瞩目。目前，世界上十大互联网企业中，我国占了 4 家。以阿里巴巴集团为例，其 2015 财年到 2016 财年的总交易额达到 3 万亿元人民币，已超越沃尔玛成为全世界最大的零售平台，这被业界视为零售业务由线下全面转向线上的标志性事件。全国层面看，据国家统计局的数据，2015 年全国网上零售额 38773 亿元，比上年增长 33.3%。其中，实物商品网上零售额 32424 亿元，增长 31.6%；非实物商品网上零售额 6349 亿元，增长 42.4%。有国际组织预测，到 2020 年中国零售市场的线上渗透率将攀升至

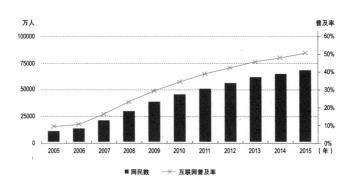

资料来源：CNNIC 中国互联网络发展状况统计调查

图 7-2　中国网民规模和互联网普及率

22%，市场规模总计达 10 万亿元。再以当下正处于"成长的烦恼"中的分享经济为例，其发展势头更是令人啧啧称奇。根据《中国分享经济报告》的结论，2015 年，中国分享经济市场规模已达到 19560 亿元，主要集中在金融、生活服务、交通出行、生产能力、知识技能、房屋短租等六大领域。分享经济领域参与提供服务者5000 万人左右（其中平台型企业员工约 500 万人），约占劳动人口总数的 5.5%。保守估计，参与分享经济活动总人数已经超过 5 亿。展望未来，预计未来 5 年分享经济年均增长速度在 40% 左右，到 2020 年分享经济规模占 GDP 比重将达到 10% 以上。这说明什么问题？现在各方面正为经济下行所困，但是经济增长的曙光和亮点是存在的。我们如何不纠结于过去的停滞，而去拥抱新的机会，这一点对各方面具有非常重要的启示作用。

目前，在国民经济上千个细分部门或行业中，只有少数已被互联网改造得比较全面。最典型的是零售商业，从无到有不过二十来年，零售业务全面从线下转移到线上。在全国经济下行的情况下，很多经济部门哀叹没钱赚，但人家这边赚得风生水起。据阿里巴巴 2016 年公布的上半年财报，媒体用了 3 句话形容，叫超预期、超预期、超预期，营业收入、利润率、增长率都在 40% 以上。这就是零售商业这一传统行业在被互联网改造后焕然一新的样子。另外还有出租车行业，滴滴出行是 2012 年才设立的一家新公司，在大概 4 年的时间内，现在估值已达到 250 亿美元，令人咋舌，广告上讲地球上有一半以上都在使用（包括优步），我们无须深究其具体内容，但是在现实生活当中，的确可以感受到网约车行业给大家带来的巨大变化。目前，网约车正遭受到"成长的烦恼"，因为虽然交通部已明确网约车可以合法化，但是有一些地方制定的细则却有这样那样的限制，有的地方要求滴滴车要喷涂专门的标志，有的地方说价格要管控，有的地方说司机要穿专门的服装，还有数量也要管控，外地出租车不能进入，等等。这说明地方政府在面对网约车这个新生事物时，还没有完全做好思想准备，尤其是在平衡和当地出租车利益的时候，很难公正地对待网约车。但是网约车给城市居民出行带来的方便显而易见，而且可能对缓解大城市交通拥堵提供了一条新的出路，因为用车太方便了，老百姓不用一家买两三辆车，这对缓解像北京这样的大城市的交通问题是有益的。当然，现在大家担心滴滴和优步合并以后开始涨价了，这就提出一个新的命题：互联网经济时代，政府如何反垄断？这显然对政府甚至对全世界都是一个新问题。

三、新经济通往何处？

新经济展示出的不可思议的潜力与空间为正深陷经济下行泥淖的中国经济带来了曙光，也指明了中国供给侧结构性改革和经济转型升级的大方向。放眼未来，互联网未来完全有可能继续催生一些新产业、新业态和新商业模式，以此而言，完全可以判断某一个具体行业的未来发展趋势。从国家层面上讲，要全面实现小康社会，要全面跨越中等收入陷阱，抓手就是新经济！这种情况下还能拒绝互联网吗？不能！只能拥抱互联网，熟悉并适应未来互联网的发展趋势。放眼未来，现在互联网还只是电脑和电脑之间相连、手机和手机之间相连，而互联的下一步是物联网，所有的设备安装芯片后全部进入到相互联网的状态，以后生活环境完全智能化、设备全部智能化，用户的使用习惯、所有的使用数据都可以记录、保留而且自动反应，给生活带来最大程度的便利化。物联网之后是万联网，即连接所有人、连接所有设备、连接所有场景，形成一个万物相连的状态。据科学家推测，在万联网状态下，机器迟早将获得学习能力，进而可能发展出机器生命与机器意识（现在英国已开始制定机器人道路行为准则）。当这个时点到来，人类社会就将进入人工智能的时代。人工智能时代会是什么样？现在大家有感知的就是 AlphaGo（阿尔法围棋），但这显然只是冰山一角。虽然有些无从想象，但完全可以知道这是一个崭新的、与现在完全不同的时代。这反映了人类不断突破生命与生活可能性的边界，永远探索、永不停止的征程。

当前，世界正处于第三次工业革命的"入口"上，我国与美国等发达国家基本处于同一起跑线上，能否抓住新经济这一历史机遇，是中华民族能否实现伟大复兴、重回世界之巅的关键一招。供给侧结构性改革的目标，就是实际上赋予要素充分的流动性，而在可流动性的前提下，要素按照经济规律、按照市场原则，最后一定会选择在其时其景下生产力水平最高、效率最高的部门，并形成新的产业结构。这就是充满无限机遇与可能性的新经济。

回到开篇时反复讲到的长周期上来。历史地看，正是科技进步，先后推动了在产业层面的第一次工业革命、第二次工业革命。每一次革命的发生，都给全人类的生产、生活方式带来翻天覆地的变化，而每一次重大变革的发生，也都伴随着政治、经济、社会甚至国家与国家之间结构的重大调整。毫无疑问，这个调整过程是极其痛苦但也是极其值得的，更重要的是，变革无可逆转！

总结对供给侧结构性改革的
几点简明认识

第一，供给侧结构性改革的实质是更好地发挥政府在促进经济增长方面的关键作用，目标是发挥市场配置资源的决定性作用。换言之，供给侧结构性改革不是要赋予官员更大的权力去干预市场、影响市场、扭曲市场，而是要更好地发挥政府促进经济增长的关键作用，目标还是要发挥市场配置资源的决定性作用，因此，供给侧结构性改革主体主要是政府，改革的对象也主要是政府，是一场政府的"自我革命"。

第二，供给侧结构性改革的方法是制度创新与制度供给，重点是要改进已落后于我国经济社会发展的制度、规定，为企业松绑、为社会减负，释放经济社会活力。

从相当大的程度上讲，供给侧结构性改革是社会主义市场经济体制改革的下半场，不可能"毕其功于一役"，需要久久为功。

第三，供给侧结构性改革的主战场是要素市场。从要素流动的规律上看，供给侧结构性改革需要实施"三步走"的战略路径：一是从低效过剩领域释放要素，表现为完成"三去一降一补"的五大重点任务；二是以要素市场为核心，深化劳动力、土地、金融、科技、行政审批等方面的重大关键结构性改革，同时推进价格、国有企业、财税、收入分配、社会保障等综合改革，为要素自由流动创造制度性保障；三是优化要素配置，大力发展新经济，供给侧结构性改革的成果最终要体现在新经济部门的成长上，要体现在全要素生产率的提高上，要体现在综合国力上升上。放眼未来，唯有新经济可担此大任。

第四，供给侧结构性改革的愿景是近期促进中国经济实现转型升级，全面建成小康社会，中长期则是跨越"中等收入陷阱"，争取到新中国成立 100 周年之际实现中华民族伟大复兴的"中国梦"。

　　总之，供给侧结构性改革是以习近平同志为总书记的党中央在综合分析国内外经济形势以后，针对当前的中国经济发展阶段所提出的一把实现推动中国经济可持续增长的钥匙，指明了未来的努力方向。这个事情能不能做到、做好，既要看中国共产党的领导能力，也需要各方面的协同配合与不懈努力。

推荐进一步学习的资源

1.国家行政学院经济学部主编:《中国供给侧结构性改革》,人民出版社 2016 年版(本书获得 2016 年中宣部、国家新闻出版广电总局组织评选的全国第七届优秀通俗理论读物)

2.贾康:《供给侧十讲》,中国出版集团 2016 年版

3.华夏新供给经济学研究院网站,http://www.newsupplyecon.org/

4.冯俏彬关于供给侧结构性改革的相关文章,可直接从网上下载

图书在版编目（CIP）数据

透视供给侧结构性改革 / 冯俏彬著 . — 北京 ：北京出版社，2017. 8

ISBN 978-7-200-12856-7

Ⅰ . ①透… Ⅱ . ①冯… Ⅲ . ①中国经济—经济改革—研究 Ⅳ . ①F12

中国版本图书馆CIP数据核字（2017）第042662号

透视供给侧结构性改革

TOUSHI GONGJICE JIEGOUXING GAIGE

冯俏彬 著

*

北 京 出 版 集 团 公 司
北 京 出 版 社 出版

（北京北三环中路6号）

邮政编码：100120

网 址：www.bph.com.cn

北 京 出 版 集 团 公 司 总 发 行
新 华 书 店 经 销
北 京 华 联 印 刷 有 限 公 司 印 刷

*

880毫米×1230毫米 32开本 6.25印张 100千字

2017年8月第1版 2017年8月第1次印刷

ISBN 978-7-200-12856-7

定价：38.00元

如有印装质量问题，由本社负责调换

质量监督电话：010-58572393

责任编辑电话：010-58572457